Dem Problem des prekären, gefährdeten Lebens kommt in Judith Butlers Werk eine zentrale Stellung zu. Dabei wird es stets im Zusammenhang mit den sozialen, diskursiven und geschlechtlichen Normen verhandelt, die das menschliche Leben bis in seine intimsten Facetten prägen und die für abweichende Körper und Lebensformen mitunter tödlich sein können. Auch Frédéric Worms berührt mit seinen Überlegungen zum kritischen Vitalismus aktuelle gesellschaftliche Debatten wie die zu Fürsorge- und Care-Arbeit oder zum politischen Umgang mit Geflüchteten. In diesem Band erkunden die beiden Philosophen die Aporien und Ambivalenzen in ihrer Erörterung der Fragen: Was ist ein erträgliches Leben? Unter welchen Umständen lässt sich ein Leben (nicht mehr) aufrechterhalten? Wann wird ein gefährdetes Leben unmöglich?

Judith Butler, 1956 in Cleveland, Ohio, geboren, ist Professorin für Komparatistik und Critical Theory an der University of California in Berkeley.

Frédéric Worms, geboren 1964, ist Professor für Philosophie an der École normale supérieure in Paris.

UNMÖGLICHES LEBEN

PASSAGEN FORUM

Judith Butler, Frédéric Worms
Unmögliches Leben

Herausgegeben und mit
einem Nachwort
von Laure Barillas und
Arto Charpentier

Aus dem Französischen
von Kianush Ruf

Passagen forum
herausgegeben von
Peter Engelmann

Passagen Verlag

Deutsche Erstausgabe
Titel der Originalausgabe: *Le vivable et l'invivable*
Aus dem Französischen von Kianush Ruf

Die Deutsche Nationalbibliothek verzeichnet diese Publikation in der Deutschen Nationalbibliografie; detaillierte bibliografische Daten sind im Internet über http://dnb.dnb.de/ abrufbar.

ISBN 978-3-7092-0541-9

Grafisches Konzept: Gregor Eichinger
Satz: Passagen Verlag Ges. m. b. H., Wien
http://www.passagen.at
Druck: Ferdinand Berger & Söhne GmbH, 3580 Horn

Inhalt

Einleitung

„Das ist kein Leben." Im März 2018 lebten annähernd 2000 Geflüchtete in Lagern im Norden von Paris, verstreut an den Ufern des Kanals, am Rande des *Périphérique* oder unter Autobahnbrücken, sie schliefen in Zelten (wenn nicht gar unter dem offenen Nachthimmel, ausgestattet mit nichts als ein paar Decken), es gab nur unregelmäßige Essensausgaben und zu wenige Sanitäranlagen, sie lebten in einem Zustand äußerster Not.

„Das ist kein Leben", hätten sie sagen können, um ihre Situation anzuprangern. Das ist kein Leben, und doch ist es eins: Denn so unmöglich dieses Leben auch erscheinen mag, es wird doch gelebt. Ein unmögliches, unlebbares Leben und gleichwohl ist man *am Leben*. Es wird, wie Judith Butler schreibt, „ein lebendiges Leben sein, und das heißt, es ist noch nicht ausgelöscht und erhebt weiter Forderungen im Namen seiner eigenen Lebendigkeit"[1]: Es müssen hier und jetzt die notwendigen Bedingungen geschaffen werden, damit dieses Leben fortbestehen und aktiv weitergelebt werden kann. Als Antwort auf diese Situationen erinnert Frédéric Worms seinerseits an den Anspruch der „lebenswichtigen Aufnahme“, der sich nicht auf das nackte Überleben reduzieren lässt, sondern die Schaffung „eines *minimalen Rechts zwischen den Menschen* voraussetzt, das zunächst einmal das absolute Minimum sicherstellt, und zwar in allen Bereichen der Beziehung zwischen den Menschen, dem Leben und dem Recht.“[2]

Von unmöglichen oder unlebbaren Leben zu sprechen bedeutet also, so Butler, auf einen „begrifflichen Widerspruch [hinzuweisen], der jedoch trotz allem ge- oder erlebt wird“, und mehr noch, aus diesem Widerspruch ein Instrument politischer Sozialkritik zu machen. Diese Leben als unmöglich oder unaushaltbar zu bezeichnen bedeutet zugleich, dass diese Leben nicht gelebt werden sollten, nicht auf diese Weise; das heißt, man prangert das Skandalon der unerträglich schlechten Bedingungen an, unter denen diese Leben gelebt werden, und bringt somit die Dringlichkeit zum Ausdruck, etwas dagegen zu unternehmen.

Damit ist der Kontext des nachfolgenden Gesprächs zwischen Judith Butler und Frédéric Worms am 11. April 2018 an der École normale supérieure (ENS) in Paris[3] angesprochen. Es vertieft eine gemeinsame Reflexion, die im Zuge einer ersten Begegnung an der ENS 2015[4] begonnen und im darauffolgenden Jahr an der University of California in Berkeley[5] fortgeführt wurde. Indem sie ihre jeweiligen philosophischen Ansätze einander gegenüberstellen, formulieren sie beide auf ihre Weise die Möglichkeit, diese vitale, lebensnotwendige Dringlichkeit in eine positive Forderung umzuwandeln, die dem politischen Handeln als Norm dienen kann: für jeden und jede Einzelne die Bedingungen eines möglichen Lebens sicherzustellen.[6]

Laure Barillas und Arto Charpentier

Unmögliches Leben
Judith Butler und Frédéric Worms

Arto Charpentier: „Was ist das Unlebbare, ein unmögliches Leben?“ Ungefähr so würden unsere einleitenden Fragen lauten. Würden Sie einer Definition zustimmen, die es als das bezeichnen würde, womit wir nicht leben und was wir nicht aushalten oder ertragen können? Gleichzeitig müssen wir uns fragen, was das Lebbare, was ein mögliches Leben ist. Sprechen wir nur über das Überleben, oder muss das Leben nicht doch mehr sein, als das bloße Überleben, um wirklich lebbar zu sein? Und wenn letzteres der Fall ist, wo liegt dann die Grenze zwischen dem Lebbaren und dem Unlebbaren, dem Erträglichen und dem Unerträglichen? Und was sind für Sie beide die sozialen und politischen Implikationen dieser Unterscheidung?

Frédéric Worms: Ich bin äußerst glücklich über diese Gelegenheit, eine Frage zu erörtern, die das ganze Werk von Judith Butler durchzieht, vielleicht ohne bisher hinreichend expliziert worden zu sein, und daher habe ich vorgeschlagen, diese Frage – wenn auch mit unterschiedlichen Ansätzen – wie ein gemeinsames Problem zu behandeln, das in sich bereits lebenswichtig oder vital ist.

Judith Butler: Die Frage des Lebbaren (*vivable*) und des Unlebbaren (*invivable*), des erträglichen und des unerträglichen, des möglichen oder des unmöglichen Lebens ist eine Art Unterteilung des Problems des „Lebendigen“ (*vivant*). Kurz gesagt bezeichnet das Lebbare diejenigen Lebensumstände, die das Leben ermöglichen, unter denen es tatsächlich gelebt werden kann, während das Unlebbare all jene Lebensumstände beschreibt, die das Leben unmöglich machen, das heißt unerträgliche Bedingungen des Lebens.

FW: Manche wären vielleicht versucht zu sagen „lebensfähig“ (*viable*), aber wir werden vielleicht noch auf diesen Unterschied zu sprechen kommen zwischen dem Lebensfähigen (also rein biologisch gesprochen) und dem Lebbaren (ein Indiz, das von vornherein den Bereich des Vitalen ausweitet, ohne es aufzugeben).

JB: In der Tat, im Englischen gibt es Diskussionen über die Lebensfähigkeit des Fötus, die den Rückgriff auf dieses Wort erschweren, aber vielleicht nicht verunmöglichen.

FW: Die Frage, die uns beschäftigt, betrifft also das Kriterium, das es erlauben würde, das Lebbare vom

Unlebbaren zu unterscheiden, und die Bedeutung, die man der Möglichkeit, ein solches Kriterium zu bestimmen, beimisst. Denn die verschiedensten Leute behaupten die „Unlebbarkeit" dieser oder jener Erfahrung, dieses oder jenes Lebens, und man möchte vielleicht in der Lage sein, zwischen diesen Behauptungen zu unterscheiden. Manchmal sagen wir gemeinhin: „Das ist untragbar, das ist unerträglich" (*invivable*), doch wer hat wirklich gute Gründe, das zu behaupten?

Die Frage ist noch aus einem anderen Grund von Belang, der sich aus der Stellung ergibt, den diese Begriffe in der Gesamtheit des philosophischen und politischen Werkes von Judith einnehmen, angefangen mit *Gender Trouble*. Bereits in diesem ersten bahnbrechenden Buch ergreift sie Partei für bestimmte Leben, die aufgrund dieser oder jener normativen oder politischen Situation „unlebbar" oder „unmöglich" gemacht werden. Folglich müssen wir uns fragen: Lässt sich, und wenn ja wie, so etwas wie ein Kriterium definieren, mit dem wir zwischen dem möglichen und dem unmöglichen, dem lebbaren und dem unlebbaren Leben unterscheiden können? Ich würde gerne für den Anfang drei sukzessive Hypothesen durchgehen. Die erste werde ich gänzlich verwerfen; von der zweiten werde ich einen wesentlichen Punkt herausgreifen, und zwar gerade den, der mir im Kern von Judiths Ansatz zu liegen scheint; allerdings werde ich sie durch eine dritte Hypothese ergänzen, die meiner

Auffassung nach unerlässlich ist, um das Lebbare und das Unlebbare näher zu bestimmen.

Was die erste Hypothese anbelangt, die ich über ihre Methode definiere, möchte ich mich kurz halten. Auf den ersten Blick erscheint sie wohl am einfachsten. Sie beruht auf der Behauptung, dass es, um zwischen dem Lebbaren und dem Unlebbaren zu unterscheiden, geboten sei, sich auf die Beschreibung der Erfahrung zu stützen, genauer gesagt auf die Beschreibung bestimmter Erfahrungen, und zu schauen, was uns oder bestimmten Personen widerfährt und dann gewissermaßen zu sagen: „Dies ist lebbar, während jenes unlebbar ist." Ich würde das schlicht und einfach als phänomenologischen Ansatz bezeichnen. Man geht dabei davon aus, jemand könnte ganz verschiedene Erfahrungen beschreiben und sagen: „Das ist lebbar" oder auch „das ist das Lebbare" oder im Gegenteil: „Das ist unlebbar" oder „das ist das Unlebbare". Das wäre der erste, scheinbar spontane, methodologische Ansatz, um zu einem klaren Unterschied zwischen dem Lebbaren und dem Unlebbaren zu gelangen. Wie Sie sich vielleicht denken können, bin ich der Ansicht, dass es sich dabei um einen Widerspruch in sich qua prinzipieller Unmöglichkeit handelt, und ich kann mir gut vorstellen, dass Judith und ich uns in diesem Punkt einig sind. Warum handelt es sich dabei um eine grundsätzliche Unmöglichkeit? Aus einem einfachen Grund, der uns wiederum kontrastiv ein erstes Kriterium des Unlebbaren liefert, eine erste indirekte Annäherung, die vielleicht jedoch schon ziemlich entscheidend ist. Denn es handelt sich geradezu um das Gegenteil: Wenn eine Sache unlebbar ist, dann kann man sie nicht leben oder erleben und somit erst recht nicht beschreiben.

Daher ist es streng genommen vollkommen unmöglich, von irgendjemandem zu verlangen, das Unlebbare zu beschreiben. Wenn er es beschreiben kann, dann kann es nicht (das Präsens ist wichtig) das Unlebbare sein. Somit haben wir hier ein grundsätzliches Indiz, das uns zum Kriterium des Unlebbaren führen kann, welches durch die Unmöglichkeit bestimmt werden muss, *von jemandem,* von einem *Subjekt* erlebt oder gelebt zu werden. Das Unlebbare verweist also zumindest auf die Tatsache, dass dieses Leben nicht, oder nicht mehr, das Leben von jemandem sein kann, der es beschreiben könnte, dass es kein subjektives Leben mehr sein kann, das Leben von jemandem, der sein Leben lebt. Das ist das erste, zunächst noch ganz negative Kriterium (aber muss die Definition dieses Terminus nicht notwendigerweise negativ sein?). Das Unlebbare ist nicht etwas, das von jemandem erlebt und von ihm oder ihr beschrieben werden könnte, sondern das, was jemandem gerade nicht die Möglichkeit lässt, aus seinem Leben hervorzugehen, in ihm aufzutauchen und es zu (er)leben. Damit haben wir ein erstes starkes Kriterium.

Daraus ergibt sich unmittelbar die zweite Hypothese, die erneut in einer Definition des Unlebbaren und des Lebbaren besteht. Die Bedingungen der „Lebbarkeit", der „Möglichkeit" des Lebens sind die Bedingungen der Subjektivität. Die Bedingung der Lebbarkeit ist die Bedingung, unter der ein Leben das Leben von jemandem sein kann. Das Lebbare beginnt mit der Möglichkeit, dass ein subjektives „Selbst" überhaupt entstehen und zum Vorschein kommen (*émerger*) kann, dass jemand „leben" oder „erleben" kann, was dann also „ein" oder „sein" Leben ist. Diese Bedingungen können zum Beispiel (aber das ist natürlich mehr als ein bloßes Beispiel) psychologische, soziale, politische sein, und man betritt damit den Bereich dessen, was Judith (nach anderen, insbesondere Hegel) „Anerkennung" nennt. Das ist gewiss von großer Bedeutung, aber ist es auch ausreichend? Wir werden gleich darauf zurückkommen.

Man geht somit von der Tatsache aus, dass das Leben, um lebbar zu sein, das Leben *von jemandem* sein muss. Es kann sein und es ist sogar gewiss, dass zu den Bedingungen dieser Lebbarkeit Intersubjektivität hinzutreten wird, das heißt eine Anerkennung von jemandem durch den anderen als Subjekt „seines" Lebens. Aber das Entscheidende liegt noch davor: nämlich in der reinen und bloßen Emergenz eines „Selbst", das „sein" Leben zu leben hat. Das schließt folgende Akte ein: es sich vorstellen, es denken, es erzählen und selbstredend es anerkennen zu lassen. Aber all das hängt noch von etwas anderem, sehr Bestimmtem und Radikalem ab: Die Bedingungen der Lebbarkeit sind die empirischen Bedingungen der Subjektivität im allgemeinsten Sinne, wenngleich die Lebbarkeit verschiedene Ebenen umfasst.

Die Bedingungen der Lebbarkeit sind nicht nur „biologischer", sondern auch psychologischer, sozialer, politischer Art, und das Werk von Judith Butler ist von herausragender Relevanz, wenn es darum geht zu verstehen, wie das Leben von „jemandem" aus Bedingungen aller Art hervorgehen kann oder eben nicht. Denn freilich definieren die Bedingungen der Lebbarkeit, wenn sie eben gerade nicht gegeben sind, wenn sie abwesend, verweigert oder zerstört werden, auch die Bedingungen ihres Gegenteils: Die Unlebbarkeit, die Unmöglichkeit des Lebens ist ebenfalls eine ganz konkrete Möglichkeit.

Man muss es also von vornherein mit Nachdruck betonen: Die Unlebbarkeit ist keine theoretische Abstraktion; das Unlebbare, das unmögliche Leben sind Möglichkeiten. Es gibt Leben, die unmöglich zu (er)leben sind, die man nicht leben kann, und die Frage, die uns nun beschäftigen wird, lautet, inwiefern sich das mit dem Tod vergleichen lässt. Schließlich kann man sich fragen, welche Gemeinsamkeit zwischen diesen beiden Weisen, das Leben unmöglich zu machen, besteht: der Unlebbarkeit und dem Tod. Das ist aus meiner Sicht die zentrale

Frage, und ich werde noch auf sie zurückkommen, aber zunächst möchte ich an den aktuellen Stand meiner Argumentation erinnern. Das Unlebbare und das Lebbare haben Bedingungen, subjektive oder intersubjektive, soziale, politische, moralische, zweifellos auch sprachliche und noch andere mehr. Die Unmöglichkeit der Beschreibung deutete bereits auf diesen Aspekt hin: Das Unlebbare ist nämlich auch unsagbar, und wenn man darüber sprechen möchte, dann wird dafür zumindest ein Umweg nötig, ein gewisser Preis zu zahlen sein, ein Widerspruch wird innerhalb der Sprache selbst auftauchen; umgekehrt hat die Lebbarkeit ohne Zweifel mit dem Vermögen zu tun, sie zum Ausdruck zu bringen, überhaupt zu sprechen, und damit auch mit der Sprache als solcher.

Das führt uns nun zu dem, worin meiner Ansicht nach das Risiko dieser zweiten Etappe, dieser Position oder Setzung liegt, wenn man sie nicht sogleich ergänzt. Und darin liegt auch die Frage, die ich glücklicherweise seit langer Zeit mit Judith diskutieren kann und die sich folgendermaßen formulieren lässt: Wenn man unter dem Lebbaren und dem Unlebbaren das versteht, was von einem Subjekt ge- oder erlebt werden kann oder eben nicht, was bleibt dann noch vom Leben, wo ist das Leben oder gar das Leben als solches? Auch diese Frage liegt natürlich noch vor uns.

Man muss diese Frage beim Wort nehmen, das heißt versuchen herauszufinden, ob das nicht bloß eine Sache der Wörter ist. Als Kriterium haben wir zunächst also Folgendes: die Emergenz eines Selbst, eines Subjekts, von jemandem. Aber das ist das Kriterium für das, was wir das „Lebbare" im Gegensatz zum Unlebbaren nennen. Ist das ein Wort, für das der Bezug auf „das Leben" keinerlei Bedeutung hat? Genau das ist die Frage. Und Judith hat sie ihrerseits aufgeworfen, als sie die Frage gestellt hat: Was ist der Unterschied, und gibt es einen, zwischen dem, was „unlebbar" oder „unerträglich" ist, und dem, was „lebbar" oder „erträglich" ist? Wir berühren hier einen kritischen Punkt: Gibt es etwas, das dem Unlebbaren als solchem spezifisch eigen ist, und was ist sein Verhältnis zum Leben und zum Vitalen, Lebendigen? Ist es überhaupt möglich, das Leben nicht als Kriterium zur Unterscheidung zwischen dem Lebbaren und dem Unlebbaren heranzuziehen?

Nur weil die Anwendung des Kriteriums in den Bereich des Psychologischen, des Sozialen oder des Politischen fallen kann, heißt das nicht, dass es in letzter Instanz nicht trotzdem vital ist oder dass die Unlebbarkeit nicht vor dem Hintergrund eines materiellen, biologischen Modells gedacht werden muss, und zwar im strengen Sinne des Lebens von jemandem und seines Gegenteils, dem Tod. Es muss also etwas sein wie die Unterbrechung unseres Lebens, unseres körperlichen Lebens, unserer lebenswichtigen Bedingungen. Das Unlebbare, soviel sollte vorausgeschickt werden, muss eine

Zerstörung des Selbst umfassen, die wie der Tod ist, und wenn es hier eine Analogie gibt, dann nicht, weil es „weniger" als der Tod ist, sondern eher, weil es schlimmer ist als der Tod, und zwar gerade insofern das Leben weitergeht, obwohl das, was ein Leben ausmacht oder was es jemandem erlaubt, es zu leben, zu Tode gekommen ist; ein Tod, der durch die Zerstörung, das Verschwinden, das Erlöschen und die Unterbrechung des Lebens bescheinigt wird, gemäß dem Modell einer Bewegung, deren Unterbrechung (in unserem Gehirn) den Tod definiert. Es muss etwas Analoges und Schlimmeres sein, denn „das Leben" geht weiter, ohne dass „jemand" es leben kann. Wenn man vom Unlebbaren spricht, dann weil es das Leben unterbricht, weil es einen Bruch mit unseren lebenswichtigen Bedingungen herbeiführt. Das ist also kein gradueller Unterschied, sondern ein grundsätzlicherer Wesensunterschied, kein quantitativer, sondern ein qualitativer und kritischer Unterschied, und tatsächlich liegt dieser Unterschied im Kern dessen, was ich „kritischen Vitalismus" nenne.

Aus diesem Grund berufe ich mich auch auf Canguilhem oder Bergson, die beide von einem qualitativen Unterschied ausgehen. Für Canguilhem geht es vor allem darum anzufechten, dass die Differenz zwischen „dem Normalen und dem Pathologischen" als bloß graduelle Unterscheidung verstanden werden sollte. Vielmehr ist dieser Unterschied ein absoluter, qualitativer, subjektiver, oder er ist überhaupt keiner. Ebenso verhält es sich für mich mit der Differenz zwischen dem Lebbaren und dem Unlebbaren. Anschließend kann es möglicherweise graduelle Nuancen geben. Bergson hat das erkannt: Wenn man einmal von A nach B gegangen ist, kann man den Weg zwischen den beiden Punkten, die graduellen Unterschiede, die Etappen nachzeichnen oder rekonstruieren. Aber zunächst muss man den qualitativen Unterschied setzen, bevor man die Grade vermessen kann, die umgekehrte Vorgehensweise ist ausgeschlossen. Ebenso verhält es sich mit dem Unterschied zwischen dem Normalen und dem Pathologischen, denn er stellt für Canguilhem eine subjektive Polarität dar, die sich nicht auf eine quantitative Differenz reduzieren lässt, wenngleich man sie anschließend in Durchschnitts- oder Schwellenwerte übersetzen kann, wie in biologischen Analysen.

Wir brauchen also ein qualitatives Kriterium für das Unlebbare, doch zugleich haben wir es bereits: Es ist jenes Kriterium, das uns den Gegensatz zwischen Leben und Tod liefert oder eher den Gegensatz vom Leben „zum" Tod, verstanden als das Leben „von jemandem", und zwar innerhalb einer „intersubjektiven" und buchstäblich lebenswichtigen Interaktion, insofern sie die Emergenz eines „Selbst" bei diesem oder jenem lebendigen Wesen in Beziehung zu anderen erlaubt oder nicht erlaubt, sie bedingt oder zerstört. Und es ist gut möglich, dass das auf jedes Lebewesen zutrifft: Wer weiß, ob nicht jedes Lebewesen zugleich ein „jemand“ ist, der ein Leben lebt, es aber auch ebenso gut nicht leben könnte, der den Bedingungen, es zu leben, beraubt sein kann, ohne dabei aufzuhören, „lebendig“ zu sein, der „sterben“ kann in dem ganz konkreten Sinn, dass „er“ dann nicht mehr leben kann. Das ist nicht „der“ Tod, aber es ist „sein“ Tod. Woran sehen wir das? Vielleicht daran, dass dieser jemand uns dann nicht mehr sieht. Was in ihm lebt, ist dann tot. Wir haben so dasselbe lebensnotwendige Kriterium bemüht, wie für alle anderen lebensnotwendigen Funktionen, auf eine doppelt „kritische“ Weise: reines qualitatives und polarisiertes Kriterium; etwas ist da oder nicht; aber es ist nicht auf eine einzige Ebene oder eine einzige Funktion reduzierbar.

Damit befinden wir uns nun im Herzen des kritischen Vitalismus.

Wir brauchen ein Kriterium des Lebbaren und des Unlebbaren, welches zugleich vital oder lebensnotwendig und kritisch ist. Und das führt uns zum kritischen Vitalismus, für den der Gegensatz zwischen Leben und Tod wortwörtlich oder buchstäblich (*littéral*) zu verstehen ist (in dem Sinne, den Deleuze diesem Wort gibt: jenseits des Gegensatzes zwischen dem Eigentlichen und dem Übertragenen, Bildlichen, Figurativen, jenseits jeder Metapher und jedes Bildes), aber (wie Derrida gesagt hätte) „mehr als eine“ Form annehmen kann.

Im Leben eines jeden Lebewesens und insbesondere in dem menschlicher Lebewesen gibt es mehr als eine Form des Todes, weshalb wir hier über das Unlebbare sprechen, und sogar mehrere Formen des Unlebbaren, die sich durch den Tod eines Subjekts äußern, das dieses Leben gelebt hat. Und ebenso wie wir im klassischen Sinne des Wortes durch Hunger oder Kälte sterben können, so kann unser Leben auch durch einen Mangel an Anerkennung, durch Depression oder Melancholie, durch mehr als einen Grund oder auf mehr als eine Weise unlebbar (und damit tödlich) gemacht werden. Und ebenso wie das menschliche Leben darin besteht, für das Leben Sorge zu tragen, sich um es zu kümmern und es vor dem Tod zu bewahren, so besteht es auch darin, für das Lebbare und gegen das Unlebbare Sorge zu tragen, das heißt die Bedingungen für ein in jeder Hinsicht lebbares Leben zu schaffen, in allen lebensnotwendigen, vitalen Dimensionen der menschlichen Lebewesen.

Daraus folgen drei Konsequenzen. Zunächst einmal muss selbstverständlich der Tod das Modell der Unlebbarkeit bleiben. Der Tod ist unlebbar, nicht nur im objektiven, sondern auch im subjektiven Sinne. Epikur hat diesen Umstand auf logische Weise ausgedrückt: Wenn wir tot sind, sind wir nicht mehr lebendig. Lebendig sein und tot sein stehen im Gegensatz, im Widerspruch zueinander, was der Philosophie Anlass zu vielen scheinbar selbstverständlichen Aussagen und Binsenweisheiten gegeben hat, die jedoch seltsamerweise mit Blick auf den Tod zurückzukehren scheinen. „Er starb am Freitag, dem letzten Tag seines Lebens / wenn er am Samstag gestorben wäre, hätte er länger gelebt“, wie ein französischer Dichter ironisch schrieb. Sartre sagte seinerseits, „der Tod wird mich nicht lebend bekommen“, und Ricœur, „ich werde leben bis zum Tod“. Es scheint, als könnte und müsste man diesem logischen Widerspruch immer wieder einen neuen lebenswichtigen und vitalen Wert zuschreiben.

Aber das Unlebbare ist nicht nur der Tod im Allgemeinen. Vielmehr ist es eine spezifische Form des Todes. Ebenso wie ich den Tod nicht „erleben“ kann, gilt umgekehrt, dass wenn ich eine Erfahrung nicht mehr erleben kann, dies dem Tod analog ist und gleichkommt, denn das Leben geht weiter, ohne dass „ich“ es erleben kann, insofern die Erfahrung des Unlebbaren das Subjekt des Lebens – das, was Simone Weil in ihrem Text über das Unglück „die Seele“ genannt hat – zerstört hat. Letzten Endes ist es streng genommen nicht die Seele, denn es kann zerstört werden; aber es ist sehr wohl das lebendige Subjekt, das nämlich zerstört werden kann. Daher habe ich Judiths Frage, „ob ich den Begriff ‚sozialer Tod‘ ernst nehme, mit dem Orlando Patterson die Sklaverei bestimmt“, selbstredend mit Ja beantwortet. Was kann unerbittlicher sein als der soziale Tod? Durkheim hat den Selbstmord als „soziale Tatsache“ bezeichnet, das heißt als das, wozu eine gewisse Form von sozialem Tod führt (die Anomie). Aber vielleicht ist Sklaverei schlimmer als Selbstmord, denn um Selbstmord zu begehen, muss das „Selbst“, das sich umbringt, noch am Leben sein oder überhaupt erst die Möglichkeit gehabt haben, zu entstehen. Doch das kann verhindert werden. Sklaverei ist ein sozialer Tod, der noch nicht einmal die Entstehung eines Subjekts des Selbstmords zulässt. Aber in beiden Fällen sprechen wir buchstäblich vom Tod.

Das führt uns zu dem, was Derrida im Anschluss an Adorno und Lyotard das „Schlimmer-als-der-Tod“ genannt hat. Es gibt Erfahrungen, die nicht nur wie der Tod unlebbar sind, sondern die schlimmer sind als der Tod, und vielleicht ist das Unlebbare schlimmer als der Tod, insofern es den Tod desjenigen markiert, der sein Leben lebt, ohne es wirklich zu erleben, oder der es als unlebbar erlebt, das heißt wie seinen Tod *im* Leben. Daraus erwachsen die tragischen Entscheidungen, dem eigenen Leben ein Ende zu setzen, und die politischen Fragen, die Dilemmata, in denen man sich zwischen dem Tod und dem „Schlimmer-als-der-Tod“ entscheiden muss.

Wer diese Erfahrungen erlebt, kann sie nicht beschreiben, und aus diesem Grund müssen andere sie beschreiben. Wenn man darüber spricht, dann nicht, weil man das Unlebbare erlebt, sondern vielmehr, weil man das unlebbare Leben von jenen beschreiben muss, die es erleiden und das per definitionem nicht zum Ausdruck bringen können.

Und schließlich: Wenn es etwas Schlimmeres als den Tod gibt, dann weil es auch mehr als das Leben und etwas Besseres als das Lebbare gibt. Das Lebbare ist keine letztgültige Norm. Wir wollen nicht nur ein lebbares Leben leben, sondern ein glückliches, erfülltes Leben voller Freude. Erfüllt, das heißt angefüllt mit allen vitalen Dimensionen, deren Einheit eine nach der anderen zerstört werden kann, wie uns die Erfahrung des Unlebbaren zeigt. Es gibt also mehr als das Lebbare: mehr als das Vermögen oder die Fähigkeit, sich zu bewegen oder nicht zu sterben, nämlich das kreative und soziale Subjekt des eigenen Lebens zu sein.

Das Gegenteil der Zerstörung und des „Schlimmer-als-der-Tod“ ist also das „Mehr-als-bloßleben“, und das liegt notwendigerweise an der Kreativität im spezifisch Winnicott'schen Sinne, insofern für Winnicott „der Ort, an dem wir leben“, in unseren Leben der Ort der gewöhnlichen, alltäglichen kreativen Schöpfung ist, jener intermediäre und fundamentale Raum, in dem unsere Subjektivität die Welt ein kleines bisschen zu verändern vermag. Aber ein letzter Punkt muss noch betont werden: die Stellung der Kritik im Leben selbst, in unserem Lebendig-sein. Der kritische Vitalismus ist eine Philosophie, die eine negative Polarität ins Leben einführt und die folglich, insofern es graduelle Unterschiede im Feld des

Lebendigen gibt, in das Lebendige auch die negative Aufgabe der Kritik an dem einführt, was die „Lebbarkeit" bedroht.

Es gibt individuelles, relationales und geteiltes Unlebbares, zum Beispiel wenn der Zustand der Welt eine geteilte Unlebbarkeit darstellt, die uns bedroht. Was ist eine unlebbare Welt? Eine Welt, die für uns alle unlebbar ist, aus ökologischen, die Umwelt betreffenden oder politischen Gründen, und Unlebbarkeit ist selbstverständlich nicht dem Individuum vorbehalten.

Was ich nun also mit Judith diskutieren möchte – insofern wir uns mit Blick auf die Kritik des phänomenologischen Ansatzes und die politischen und subjektiven Bedingungen des realen Lebens einig sind –, ist die Frage der Integration des vitalen, lebenswichtigen und kritischen Kriteriums. Lebensnotwendig, darauf möchte ich zum Schluss zurückkommen. Denn das Leben ist in Judith Butlers Werk überall präsent, und sogar im Titel mehrerer ihrer Bücher, in *Gefährdetes Leben* zum Beispiel. Aber müssen wir das Leben buchstäblich und im eigentlichen Wortsinn verstehen? Ist der Gegensatz zwischen dem Lebbaren und dem Unlebbaren, dem möglichen und dem unmöglichen Leben vorrangig und vorgängig? Das ist die Frage.

JB: Zunächst einmal vielen Dank Ihnen allen für diese Diskussion. Frédéric glaubt offenbar, dass ich viele Antworten auf seine Fragen habe, aber da bin ich mir nicht so sicher! Dennoch freue ich mich, die Fragen aufzugreifen, in der Hoffnung, einen nützlichen Beitrag zur Diskussion zu leisten. Frédéric hat vollkommen recht zu betonen, dass eine für mich anhaltende Fragestellung darin besteht herauszufinden, auf welche Weise sich am besten zwischen dem Lebbaren und dem Unlebbaren oder, wie man sagen könnte, dem möglichen und dem unmöglichen Leben unterscheiden lässt, welches Kriterium man dafür bemüht und wie man den Gebrauch des Kriteriums rechtfertigt. Ich habe keine abschließende Antwort auf diese Fragen, aber ich glaube, dass einige Antworten in den Analysen enthalten sind, die ich zu entwickeln versuche. So kann ich vielleicht gemeinsam mit Ihnen darüber nachdenken, wie sich implizite Kriterien aus diesen Analysen gewinnen lassen, um diesen Problemen weiter nachzugehen.

Wenn wir über den Unterschied zwischen dem Lebbaren und dem Unlebbaren nachdenken, könnte eine – zweifellos besonders einfache – Frage lauten: Wie oder woher soll man das wissen? Wie erkennt man den Unterschied oder die Differenz zwischen dem Lebbaren und dem Unlebbaren? Doch ich möchte dieses Problem umformulieren und durch eine Reihe von Fragen ergänzen: Wie trifft man diese Unterscheidung? Wenn es einmal so weit kommt, auf welche Art von Urteil verlässt man sich dann? Wer stellt die Unterscheidung auf und in Bezug auf wen? In welchem Rahmen oder in welcher historischen oder politischen Situation wird dieses Urteil dann formuliert und wiederholt, das heißt zugleich ausgesagt und angefochten? Denn mir scheint, dass wir alle möglichen Arten von Situationen anführen könnten, in denen es juristisch erwiesen ist, dass beispielsweise das Schicksal von Geflüchteten an sehr vielen verschiedenen Orten ein absolut unlebbares ist. Trotzdem sagen viele Politiker*innen: „Wir kümmern uns darum, aber das dauert eben leider seine Zeit; das ist zwar bedauerlich, aber wir bereiten eine Unterkunft vor …"

Man kann also festhalten, dass mitunter Uneinigkeit darüber herrscht, wer über die Lebbarkeit entscheidet, zu welchem Zweck und in welchem institutionellen Kontext dies geschieht. Daher meine Frage: Ist es nicht geboten, ein solches Urteil zu situieren und zu beobachten, wer es ausspricht, mit welchen Worten und mit welchem Ziel? Ich wollte darauf aufmerksam machen, dass dem Ausspruch oder der Anfechtung eines solchen Urteils juristische Entscheidungen zugrunde liegen können.

Selbstverständlich ist ein solches Vorgehen nicht unbedingt von derselben Art, wie die philosophischen Unterscheidungen, die Sie zwischen dem Lebbaren und dem Unlebbaren zu treffen suchen. Aber vielleicht müssen wir die verschiedenen bereits bestehenden Urteilspraktiken in Betracht ziehen und der Frage nachgehen, ob es ihnen gelingt (oder nicht), diese Unterscheidung aufzustellen, und ihren Modus Operandi sowie ihre Wirkungen analysieren. Mit anderen Worten, ich mache diesen begrifflichen Unterschied nicht zu meinem Ausgangspunkt; ich versuche vielmehr herauszufinden, ob er in bestimmten Urteilspraktiken bereits impliziert ist und ob es möglich ist, sein Wirken im Innern dieser Praktiken zu erkennen. Und schließlich möchte ich noch eine weitere Frage aufwerfen: Stellen wir uns nur einmal vor, ich würde aufhören, Ihren Fragen weiter auszuweichen, und stattdessen versuchen, ohne Umschweife auf sie einzugehen – genau das möchte ich nun versuchen, denn ich denke, das wird Ihnen Freude bereiten … (*lacht*)

FW: Hervorragende Idee! (*lacht*)

JB: Denn ich bin ein vorbildlicher Diskussionsgast (*lacht*). Aber ernsthaft, stellen wir uns vor, es wäre möglich, ein solches Kriterium zu finden, wäre es dann an uns, es hier und jetzt durchzusetzen? Anders gesagt, wäre das eine begriffliche Leistung, die Intellektuelle erbringen und beisteuern? In welcher Sprache wäre dieses Kriterium formuliert? Welcher Unterschied taucht je nach gebrauchter Sprache auf, und wäre dieses Kriterium in alle Sprachen übersetzbar? Mit anderen Worten, würde es seine Singularität bewahren, oder würde es am Ende zahlreiche Variationen aufweisen? Wenn ich von Sprachen spreche, meine ich nicht nur natürliche

Sprachen wie das Englische oder das Französische, sondern auch sprachliche Praktiken, die ein Verständnis davon implizieren, wer spricht und mit wem, über wen, mit Bezug auf wen, in welcher Situation, mit welchem Ziel und was aus der Sprache selbst wird, sobald diese einmal in die Welt eingelassen ist – Effekte und Wirkungen, die manchmal, und de facto ziemlich häufig, nicht voll und ganz antizipiert werden.

Wenn ich auf Ihre Frage antworten möchte, sehe ich mich also mit einer Reihe von Problemen konfrontiert. Ich glaube zu verstehen, warum Sie von vornherein die phänomenologische Herangehensweise ausschließen und der Frage aus dem Weg gehen wollen: Gibt es ein Subjekt, das in der Lage wäre, das Unlebbare zu beschreiben, und sind wir also auf die Beschreibung dieses Subjekts angewiesen, um etwas vom Unlebbaren zu wissen oder herauszufinden, was das Unlebbare ist? Und ich meine auch zu verstehen, dass Sie, indem Sie entscheiden, diesen Ansatz gänzlich außer Acht zu lassen, eine andere Frage stellen möchten: Was sind die Bedingungen der Subjektivität, die eine Unterscheidung zwischen dem Lebbaren und dem Unlebbaren ermöglichen? Ihre Hypothese, so wie ich sie ausgehend von Ihrer Einführung, aber auch von anderen Texten, die Sie geschrieben haben, verstehe, lautet demnach folgendermaßen: Wir finden das gesuchte Kriterium, wenn wir die Bedingungen der Subjektivität erkunden – die Ihrer Auffassung nach empirische Bedingungen sind; das Kriterium ist also an das gebunden, was die Möglichkeit eines subjektiven Lebens als solchem bedingt.

Gleichwohl würde ich an dieser Stelle zumindest zwei Bemerkungen machen. Ich bin der Überzeugung, dass Beschreibungen des Unlebbaren, und ich denke hier zum Beispiel an Charlotte Delbos Aussagen über Auschwitz, sehr wohl Bezeugungen des Unlebbaren sind. Ich bin mir nicht sicher, dass man dieser Erfahrung absprechen kann, unlebbar zu sein, nur weil Delbo sie bezeugen und über ihre Erfahrung im Lager berichten konnte. Mit anderen Worten, ich glaube nicht, dass es einen Widerspruch darstellt, durch das Unlebbare hindurchzugehen, es zu erleben und über es zu schreiben, insofern die Schrift oder das Schreiben auch den Zusammenbruch der Sprache bedeuten kann, das Schweigen, die weiße Seite, nichtnarrative Strukturen, eben all das, was uns in den Versuchen, traumatisches Material, traumatische Erlebnisse zum Ausdruck zu bringen, so häufig begegnet. Das „Ich" der Erzähler*in kann zum Indiz einer gebrochenen oder zerstörten Subjektivität werden. Ich hege also keinerlei Zweifel, dass Charlotte Delbo das Unlebbare durchlebt hat. Nur weil sie, nach langem Ringen, ein Mittel und einen Weg gefunden hat, zu schreiben, heißt das nicht, dass sie nicht etwas Unlebbares erlebt hat. „Sehen Sie, sie war noch am Leben, sie konnte schreiben." Das widerspricht sich keineswegs.

Und tatsächlich, es könnte sein, dass die Art und Weise zu schreiben, die sie uns überlassen hat, dass diese Beschreibungen des Unlebbaren, die wir durch sie erhalten, uns einen Zugang zu der Struktur der Subjektivität verschaffen, die Sie beschrieben haben. Delbo erklärt, dass sie die Erinnerungen nur aus einer Perspektive wiederherstellen kann, die es ihr erlaubt, eine gewisse Distanz zu ihnen einzunehmen, um zu vermeiden, sie noch einmal zu durchleben. Wirkt sie nicht gebrochen? Gibt es nicht bestimmte Bedingungen, unter denen Leute zu Gebrochenen werden? Und wenn sie, einmal gebrochen, trotz allem weiterleben, bedeutet das mitnichten, dass sie ein lebbares Leben haben. Nicht im Geringsten. Wenn es also zutrifft, dass eine gebrochene Person eine traumatische Vergangenheit erzählen und beschreiben kann, und wenn die Erzählung den Bruch nicht repariert oder ungeschehen macht, sondern im Gegenteil die gebrochene Person von dem Bruch ausgehend schreibt, dann müssen wir die Möglichkeit eines Überlebens voraussetzen, bei der auch das Unlebbare überlebt.

Diese Art Überleben ist nicht dasselbe wie das Überleben des Selbst. Das Individuum überlebt und das Unlebbare überlebt mit ihm oder ihr, es begleitet die Person unweigerlich und unerbittlich bis zum Schluss; sodass, wie viel Zeit ihr auch zu leben bleiben mag, ihre Existenz sich unter dem Zeichen ihres konstitutiven Zusammenbruchs abspielt. Das Unlebbare ist wie ein unerträglicher

Weggefährte, den sie nicht loswerden kann. Ich denke daher nicht, dass wir es hier mit einem Widerspruch zu tun haben, sondern mit einem Überleben *im* Unlebbaren und mit ihm.

Der Fall Delbos kann möglicherweise unsere Aufmerksamkeit hin zu der Frage verschieben, in welchem Verhältnis das Unlebbare und Sprache zueinander stehen. Zum Beispiel können wir unter bestimmten Bedingungen eine Erfahrung als unlebbar bezeichnen. Diese Bezeichnung halten wir für legitim, ganz gleich, ob jemand anderes eine solche Erfahrung gemacht beziehungsweise erlitten hat oder wir selbst. Die Möglichkeit dieser Bezeichnung ist strittig. Man könnte vielleicht sagen, dass, wenn jemand eine unlebbare Erfahrung durchmacht, diese dem Bewusstsein oder der Sprache nicht vollständig zugänglich ist. Dieser Variante der Traumatheorie zufolge führt das Unlebbare mit der Erfahrung des Bruchs einen Bruch in die Erfahrung ein. Wenn man also auf die eine oder andere Weise versucht, das Unlebbare zu erzählen, dann muss man einen Weg finden, diesen Riss in der Erfahrung mit sprachlichen Mitteln wahrnehmbar und spürbar werden zu lassen, ohne vorzugeben, ihn mit der Erzählung wieder zu vernähen oder zusammenzuflicken.

Damit wird die Frage nach dem Verhältnis zwischen dem Unlebbaren und Sprache zu einer Frage des problematischen Vermögens von Erzählungen, das Trauma zu repräsentieren und darzustellen, insofern sich das Trauma zumindest teilweise durch einen Bruch der Kontinuität auszeichnet. Gibt es Formen der Beschreibung oder nicht-narrative Formen, die geeignet und imstande sind, das Trauma zu evozieren, mit ihm in Resonanz zu treten oder auch die nötige Distanz aufzubauen, die es erlauben würde, sich von ihm zu trennen und es sprachlich zu transkribieren? Brauchen wir die Möglichkeit solcher Formen?

Gleichwohl möchte ich in erster Linie betonen, dass die Unlebbarkeit nicht gleichbedeutend ist mit dem Tod oder sie diesem entspricht, auch wenn natürlich ein vitaler Bezug zwischen beiden besteht, vital im Sinne von unabdingbar. Hinzu kommt, dass die phänomenologische Beschreibung, die stets eine Beschreibung durch Sprache oder ein anderes Medium ist – Ton, Bild, Textur oder jede andere Form der Repräsentation und Darstellung –, der Koexistenz und der Gleichzeitigkeit des Überlebens und des Unlebbaren Rechnung tragen kann, ohne deshalb das Unlebbare im Lebbaren aufzulösen. Wenn man also behaupten möchte, dass das Lebbare und das Unlebbare einander begrifflich gegenüberstehen, so muss man trotzdem ihrer Gleichzeitigkeit innerhalb des phänomenologischen Feldes Rechnung tragen.

Ich insistiere besonders auf diesem Punkt aufgrund der immer häufigeren Verwendung des Begriffs *Resilienz*, um den Umgang mit bestimmten Extremsituationen zu erfassen, wie zum Beispiel angesichts dessen, was Migrant*innen zustößt, die auf offener See im Stich gelassen werden, oder Personen, die lebenslänglich in Haft sitzen, oder auch Menschen, die im Zuge eines bewaffneten Konflikts Bombardements erleben mussten. Es gelingt nicht immer allen, wieder aufzustehen, ganz gleich welche gemeinschaftlichen Anstrengungen und Bewegungen kreativen Widerstands sie auf die Beine stellen (die es gewiss gibt).

Das Wort Resilienz wird von manchen Hilfs- und Menschenrechtsorganisationen verwendet, um die Fähigkeit zu bezeichnen, einen Neuanfang zu machen und wieder auf die Beine zu kommen, Ressourcen zu mobilisieren, um eine Notlage zu überwinden oder sogar an sein vorheriges Leben anzuknüpfen, nachdem man eine schreckliche Situation ertragen hat. Dieses Wort ist Teil eines neoliberalen Vokabulars, das vorgibt, nichts von der Wirklichkeit der Zerstörung und des Unglücks der Menschen zu wissen. Dieser Diskurs neigt dazu, grundsätzlich zu postulieren, dass Personen niemals definitiv gebrochen werden, dass das Gewebe des Lebens niemals wirklich und vollständig aufgetrennt wird, dass der Bruch in einem Leben niemals die dem Menschen vermeintlich inhärente Fähigkeit auslöscht, wieder aufzustehen und den Vorrang des Lebens zu bejahen. Welche Spielart der Lebenskraft diesen Diskurs der Resilienz auch begründet, er fungiert als eine Art metaphysische Garantie, als unendliches Reservoir an Optimismus und beinhaltet vielleicht eine Form der Verleugnung und der Lüge.

Man sieht gleich, wie dieses Wort in die Aufforderungen einfließt, die die Staatsmacht an Nichtregierungsorganisationen richtet, und wie es ein Verständnis der Person als flexibles, beeinflussbares, immer *wieder aufstehendes* Subjekt transportiert, obwohl manche Arten von Brüchen und Verlusten in Wirklichkeit genuin irreversibel sind und die Personen ihr Leben lang begleiten und dabei mithin sogar das Gefühl zerstören, lebendig zu sein. Und selbst wenn es ihnen gelingt, zu überleben, ist das Überleben mit dem Unlebbaren nicht dasselbe wie Resilienz – wirklich nicht im Geringsten. Ich fürchte daher, dass der Term Resilienz dazu dient, die Realität des Traumas zu verneinen und zu verdrängen, und so den Menschen vorschnell das Vermögen zuschreibt, sich wieder aufrichten zu können, und zwar noch in Situationen, wo dies eindeutig nicht mehr möglich ist.

Sagen wir, dass alles bisher Gesagte vielleicht mehr eine Art polemisches Vorwort war. Das bringt mich allerdings zum Kern unserer Diskussion, nämlich zu der Annahme, dass wir über ein Subjekt sprechen, das eine unlebbare Erfahrung durchmacht und das in der Lage ist, diese Erfahrung sofort oder im Anschluss zu benennen. Ein Anzeichen dafür, dass eine Erfahrung unlebbar war, kann in dem Umstand gesehen werden, dass das Subjekt der Sprache beraubt ist, die notwendig ist, um sie als solche zu benennen, oder dass es mit der Suche nach der notwendigen Sprache ringt. Aber das Gegenteil ist nicht weniger der Fall: Manchmal kann man über eine Sprache verfügen, um das Unlebbare zu sagen, ohne dass dies den unlebbaren Charakter dieser Erfahrung aufhebt. Die Sprache allein kann also nicht die Norm, nicht das Kriterium sein.

Allerdings ist die Situation eine andere, sobald die unlebbare Erfahrung geteilt wird, wenngleich es nicht gerechtfertigt wäre zu behaupten, dass sie von allen, die sie durchmachen, auf identische Weise erlebt wird. Menschen werden zusammen auf Schiffe getrieben, sie werden auf hoher See im Stich gelassen, sie werden zusammen bombardiert, und all jene, die überleben, haben Familienmitglieder verloren, Nachbarn, Freunde, Geliebte. Wenn eine unlebbare Erfahrung geteilt wird (auf differenzierte Weise), wird sie dann durch die bloße Tatsache, geteilt worden zu sein, auch nur ein klein wenig erträglicher? Wir haben bereits die Situation der Geflüchteten erwähnt, die ohne wirkliche Unterkunft an der Grenze zusammengepfercht sind, ohne jede medizinische Versorgung und ohne Nahrung, und die zusammen in eine unlebbare Situation geworfen werden; wir haben gesehen, wie sehr sie außerdem aktiv werden, um Kommunikationsnetzwerke und Formen der Interdependenz aufzubauen, um sich untereinander jener Unterstützung zu versichern, die ihnen von den Staaten und den internationalen Institutionen absolut nicht entgegengebracht wird.

Was macht es für einen Unterschied für die Personen, die eine unlebbare Erfahrung erleiden oder erlitten haben, wenn die Bedingungen gemeinsam erlebt und begriffen werden können? Ich möchte an dieser Stelle betonen, dass in solchen Situationen die Bedingung des Subjekts – oder die Bedingungen der Subjektivität, um die Worte von Frédéric wieder aufzugreifen – auch eine Bedingung der Intersubjektivität ist, und dieses Wort ist wichtig. Wenn wir uns, phänomenologisch gesprochen, auf Intersubjektivität beziehen, ist das nicht gleichbedeutend mit einem kollektiven Subjekt, in dem alle Differenzen und Unterschiede beseitigt wären; im Gegenteil, wir beziehen uns damit auf ein differenziertes Netzwerk oder auf eine differenzierte Gruppe, die zusammen eine Situation durchlebt und diese bewertet und gemeinsam versteht.

„Woher hast du dein Handy?" Oder: „Ich habe gehört, dass es hier etwas zu essen gibt." Oder auch: „Wir sind dabei, uns zu organisieren, um bis zum Zaun zu laufen und unseren politischen Forderungen Gehör zu verschaffen." So wird, sobald eine Art geteilter Unlebbarkeit vorliegt, wenn man das so sagen kann, etwas auf den Plan gerufen, das die menschliche Interdependenz selbst berührt, das die Abhängigkeit mit Bezug auf Nahrung, Unterbringung, Bewegungsfreiheit, juristische Dienste und so weiter, etwas, das die Lebbarkeit als Funktion der menschlichen Sozialität betrifft.

Das sind Aspekte des Lebens, die meiner Meinung nach die Existenz lebbarer machen, insofern sie gemäß bestimmter Normen organisiert sind, die darauf abzielen, die Lebbarkeit zu bewahren und zu verstärken. Für mich ist diese Bedingung, die Frédéric als subjektiv bezeichnet, eine, die ich als intersubjektiv bezeichnen würde, womit gemeint ist, dass die Individualität nicht ohne eine Infrastruktur auftauchen oder fortbestehen kann, die die Aufrechterhaltung der menschlichen Interdependenz erlaubt. Im Angesicht von geteilten Bedingungen der Unlebbarkeit frage ich mich, woher das Versagen der ökonomischen und sozialen Infrastrukturen rührt, der internationalen Institutionen und Verpflichtungen (einschließlich des Seerechts), der Gemeinschaften oder der Nationen. Wie lässt sich dieses Versagen erklären, das dafür sorgt, dass Personen vernachlässigt, im Stich gelassen und Gewalt ausgesetzt werden? Wie kann es gelingen, die intersubjektiven institutionellen Bedingungen wieder herzustellen, zu reparieren oder überhaupt zu schaffen, die die Möglichkeit eines Zusammenlebens eröffnen würden, sodass die Existenz der Leute, die dieser Möglichkeit beraubt sind, lebbarer wird?

Der Grund, warum das Subjekt auf die Intersubjektivität bezogen werden muss, besteht darin, dass mein Leben nicht lebbar ist, wenn deins nicht lebbar ist und wenn eine große Zahl von anderen Leben nicht lebbar ist, denn wir hängen für unser gemeinsames Leben kollektiv voneinander und von sozialen Strukturen ab. Das Subjekt, das ich bin, hängt von der Sorge und Versorgung ab, die mir zuteilwerden, nicht nur während der frühen Kindheit, sondern das ganze Leben hindurch, und diese „Sorge" oder „Fürsorge" sollte weniger als mütterliche Veranlagung verstanden werden, denn als die Gesamtheit der sozialen und institutionellen Maßnahmen, die eine Existenz lebbar machen. Wenn die Strukturen, auf die wir angewiesen und von denen wir abhängig sind, uns fehlen, dann versagen und fallen wir unsererseits. Und wenngleich diese Verwüstungen singuläre Ereignisse in unseren individuellen (auch psychischen) Existenzen darstellen, sind diese Erfahrungen von Verlust und Scheitern in Wahrheit geteilte Ereignisse, zumindest bis zu einem gewissen Punkt, und vor allem sind es soziale, ökonomische und politische Phänomene. Daher müssen wir uns, wenn wir die Bedingungen des Lebbaren und des Unlebbaren befragen wollen, der institutionellen Unterstützung zuwenden, das heißt den Infrastrukturen, die für das Leben notwendig sind.

Nicht zuletzt implizieren diese Bedingungen der Interdependenz, ohne die eine lebbare Existenz unmöglich ist, auch Grundsätze der Gleichheit, allerdings nicht die Gleichheit von unabhängigen Personen, die man miteinander vergleicht, und eben auch nicht die Gleichheit zwischen Individuen. Im Gegenteil ist das, woran ich denke, vielmehr eine Gleichheit, die die wechselseitigen Abhängigkeitsverhältnisse der Leute innerhalb des sozialen und ökonomischen Lebens beschreibt: das heißt Gleichheit als Charakteristikum und Ergebnis der Interdependenz.

Wenn mich nicht alles täuscht, führen die intersubjektiven Bedingungen der lebbaren Existenz also zu einer Form der Verpflichtung gegenüber dem Leben der anderen, die andersherum auch für mich gilt. Diese Verpflichtung erwächst aus den sozialen Beziehungen, die das Individuum definieren und seine Ansprüche dezentrieren. Mein Leben ist eng verbunden mit deinem, ohne dass irgendein Vertrag dies festlegt. Es ist auch mit dem Leben anderer Individuen verbunden, die ich nicht kenne, deren Sprache ich nicht spreche und die sehr weit von mir entfernt leben. In der Abwesenheit dieser anderen Leben würde mein eigenes Leben nicht existieren; das Gegenteil behaupten hieße verkennen, was ein Selbst ist.

Sobald man diese grundlegende Verbundenheit, diese Interkonnexion verstanden hat, die weder bei den Grenzen der Gemeinschaft noch bei denen der Nation haltmacht, kann man sich also einer zugleich politischen und ökonomischen Konzeption der Gleichheit annähern, die wiederum ein Kriterium liefern kann, um gegen die ungleiche Verteilung des Wohlstands und die ständig wachsende

Prekarität in manchen Weltregionen zu kämpfen. Man könnte sich auch der Gewaltlosigkeit annähern, die meiner Auffassung nach eine ethische Verpflichtung ist und die nicht darauf reduziert werden kann, das Leben der anderen zu schützen, sondern die einen institutionellen Kontext behaupten und stützen muss, der die interdependenten Leben schützt; denn diese sind Teil einer Gemeinschaft ohne Grenzen, die weder kommunitaristisch noch nationalistisch ist und die auch nicht auf einer religiösen Zugehörigkeit oder einem ausschließenden Verständnis von Laizismus beruht.

Mit diesem theoretischen Bezugsrahmen im Hinterkopf könnten wir vielleicht anfangen, uns dem Kriterium anzunähern, das eine Unterscheidung zwischen dem Lebbaren und dem Unlebbaren erlauben würde, aber das würde uns in eine andere Richtung führen. Denn wir versuchen, die Bedingungen der Lebbarkeit zu verstehen, aber ich bin mir nicht sicher, ob ich weiß, wie man die Frage nach dem Leben als solchem erörtern könnte. Was ist das überhaupt, das Leben als solches?

FW: Sagen Sie es uns.

JB: Nein, sagen *Sie* es uns! (*lacht*)

FW: Vielen Dank für Ihre anregenden Erörterungen. Ich möchte versuchen, mit einem Wort darauf zu antworten. Natürlich gibt es jenseits des

Gegensatzes zwischen dem Lebbaren und dem Unlebbaren Verwendungen und praktische Umgänge mit diesem Gegensatz, bestimmte Arten damit zu arbeiten, ihn zum Ausdruck zu bringen, zum Beispiel die Erzählung einer Überlebenden, das heißt von jemandem, der oder die eine unlebbare Erfahrung gemacht hat und also einerseits dem Lebbaren entgegentreten muss, insofern er oder sie schreibt, aber auch dem Unlebbaren, insofern er oder sie versucht, von der vergangenen und erlittenen Unlebbarkeit zu berichten. Aber ich würde behaupten, dass eine Erzählung keine Beschreibung ist. Erzählen ist nicht beschreiben und erst recht nicht das Unlebbare oder das Trauma beschreiben, sondern eine andere Art und Weise, es zu begreifen. Und das geschieht durch die Grenzen der Erzählung und des Unerzählbaren hindurch, was eben gerade eine Dimension der Erzählung des Unlebbaren ist. Die Erzählung des Unlebbaren hat bestimmte Eigenschaften: Auch sie ist im Innern gebrochen.

Das Trauma wie eine Anekdote zu erzählen, ist unmöglich: Das wäre eine Verdrehung der Wahrheit des Ereignisses. So haben die Erzählungen von Charlotte Delbo, Primo Levi und Chalamov spezifische Eigenschaften, die es zu analysieren gilt. Es gibt auch praktische Erkundungen dieses Gegensatzes in den sozialen Praktiken der bereits erwähnten Geflüchteten, wie auch allgemein und auf lebenswichtige Weise in den Praktiken von

Menschen, die in diesem Widerspruch gefangen sind, selbst in den Extremsituationen, in denen sie etwas Lebbares innerhalb unlebbarer Erfahrungen aufgebaut haben. Ich habe meinerseits den Begriff Resilienz kritisiert, sofern er gewaltvoll wird und jenen Kontexten nicht gerecht wird, in denen er zu einem abstrakten Begriff der Wiederauferstehung wird.

Wie dem auch sei, diese Praktiken heben den Gegensatz nicht auf, sie bestätigen ihn vielmehr; die Erzählungen von Geflüchteten, von Überlebenden – das Über-leben, von dem Derrida spricht und das zugleich leben und sterben bedeutet –, heben ihn nicht auf. Die Untrennbarkeit der beiden Begriffe hebt ihren Gegensatz und ihre Spannung nicht auf.

Meine Frage wäre also die folgende: Wenn diese Praktiken den Gegensatz nicht aufheben, bleibt er dann ein lebenswichtiges, philosophisches, ontologisches Kriterium? Und bleibt es von entscheidender Bedeutung, diesen Gegensatz auf dem Leben als solchem, dem Unlebbaren als solchem zu begründen?

Es stimmt, dass der Gegensatz zwischen dem Lebbaren und dem Unlebbaren kein „Fundament“ oder „Grund“ ist, sondern eher ein Aufruf: Er fordert uns zur Kritik, zum Handeln, zum Ausdruck in Kunst, Literatur oder Kino auf. Aber trotzdem muss dieser Gegensatz als solcher gesetzt werden, und wir brauchen die Philosophie, um ihn als solchen zu entfalten. Es gibt kein begründendes „Fundament“ jenseits davon, zum Beispiel in einem vermeintlichen Wesen „des Lebens“; doch dieser Gegensatz ist der Kompass für alle anderen, und sein kritischer Gebrauch muss uns als Orientierung dienen, um für uns lebenswichtige Praktiken zu verstehen, denn diese sind Teil des Widerspruchs, wie im Falle des konkreten Lebens der Geflüchteten. Man möchte uns vergessen machen, dass es ganz reale Leben gibt, die mit dem Unlebbaren zu kämpfen haben, man möchte entweder Opfer haben (das heißt Tote) oder Lebende, die damit des Gegensatzes enthoben sind. Aber er ist da, er betrifft uns alle, und wir brauchen ihn, um uns zu orientieren, zumindest ist das meine These.

JB: Wenn Sie erlauben, würde ich gerne einen Punkt betonen, in dem wir uns einig sind – korrigieren Sie mich, wenn ich mich täusche. Wir möchten beide starke normative Positionen vertreten, wenn wir behaupten, dass gewisse Lebensbedingungen unlebbar sind oder dass unter gewissen Bedingungen die Leben unlebbar werden, während sie unter anderen Bedingungen lebbar sind; wir möchten diesen Unterschied machen können, ohne die beiden Situation miteinander zu verwechseln.

Aber ich glaube nicht, dass die Gegensätze zwischen dem Lebbaren und dem Unlebbaren das Thema erschöpfen; wenn wir Derrida den Begriff des „Überlebens“ entleihen, muss man bedenken, dass dieses lebbar sein kann oder eben nicht. Das Überleben kann für eine Zeit lang lebbar sein, zum Beispiel für Paul Celan, und es dann nicht mehr sein. Überleben heißt nie zu wissen, ob der morgige Tag lebbar sein wird oder nicht. Daher glaube ich nicht, dass unsere Urteile hinfällig werden, wenn wir darauf hinweisen, dass das, was Sie einen Widerspruch nennen, in der Wirklichkeit etwas im Laufe des Lebens durchaus Erlebtes sein kann. Denn ein Leben kann aus Widersprüchen gewebt und zusammengesetzt sein, es kann sich auf widersprüchliche Weise abspielen, ohne den begrifflichen Widerspruch aufzulösen, der es strukturiert. Für gewöhnlich ist es so, dass wenn man einen Widerspruch erfährt, man ihn als Spannung erlebt, als Ambivalenz, oder vielleicht auch eine Art Dissoziation.

FW: Eine Polarität, nicht wahr?

JB: Von einer Polarität zu sprechen ermöglicht es uns, die Sache behutsamer und hoffnungsvoller auszudrücken. Das stimmt. Trotzdem denke ich, dass wir auf der begrifflichen Ebene einen Widerspruch identifizieren müssen, der andererseits auf der phänomenologischen Ebene erfahren oder gar ausgehalten werden kann. Man muss eben die Frage unterscheiden, ob ein Widerspruch auf der begrifflichen Ebene vorhanden ist und ob er erlebt wird. Letztere Frage führt uns zum phänomenologischen Moment und seiner Dauer zurück und insbesondere zur Frage: Was heißt es, in der eigenen Existenz einen Widerspruch zu (er)leben oder ein vom Widerspruch unterworfenes, belagertes Leben zu führen?

Laure Barillas: Ich würde Ihnen beiden gerne eine Frage stellen, die hinter dem steht, worüber Sie bis jetzt gesprochen haben: bezüglich der Antwort auf die Frage, was das Unlebbare erfordert. Sie beide sind von der radikalen Gleichheit der menschlichen Leben überzeugt, aber ich frage mich, ob Sie nicht möglicherweise unterschiedliche Wege haben, zu dieser Gleichheit zu gelangen.

Der Eindruck, der aus der Lesart von Frédéric Worms entsteht, ist, dass die Beziehung der Sorge vielleicht eine Antwort auf das Unlebbare darstellen könnte, während im Werk von Judith Butler die Antwort eher die Form eines Netzwerks der Unterstützung annimmt. Man kann sich also die Frage stellen, ob dieser Unterschied zwischen Sorge (*soin*) und Unterstützung (*soutien*), als zwei verschiedene Weisen, auf das Unlebbare zu antworten und dafür Verantwortung zu übernehmen, nicht den Hintergrund Ihrer Diskussion bildet.

JB: Die Frage nach der Sorge ist heute natürlich von größter Bedeutung für das philosophische Denken in Frankreich. Ich betrachte das Thema allerdings nicht ohne eine gewisse Sorge. Ich bin ohne jeden Zweifel mit einigen Aspekten der Debatte rund um das Thema Sorge oder *care* einverstanden. Aber ich bin der Meinung, dass ein Problem darin besteht, dass in der Geschichte des Feminismus in den USA Sorge als mütterliches Attribut betrachtet und zu einem femininen oder feministischen Wert wurde, woraus eine gewisse Vorstellung entsprang, was Frauen zu sein hätten, was sie sein sollten – Mütter müssen sich sorgen, Frauen müssen Mütter sein –, die meines Erachtens eine ziemlich konservative Sichtweise auf Geschlecht darstellte. Und für einige unter uns war diese Sichtweise absolut nicht lebbar, wenn ich dieses Wort an dieser Stelle verwenden kann … (*lacht*).

Gewissermaßen hat mir die Diskussion, wie sie in Frankreich geführt wird, erlaubt, die Dinge noch einmal und in anderem Licht zu betrachten (wie es zum Beispiel Lynne Segal und Catherine Rottenberg in *The Care Manifesto* gemacht haben, das kürzlich im Vereinigten Königreich erschienen ist). Ich habe Zeit gebraucht, um zu verstehen, dass in den Arbeiten von Frédéric, Sandra Laugier und anderen der Begriff Sorge einen anderen Wert erhält, wie auch in den jüngeren Arbeiten von Joan Tronto – ich kann nicht umhin festzustellen, dass, was sie über die Interdependenz und infrastrukturelle Unterstützung schreibt, meinen eigenen Schriften sehr nah ist. Das ist mir also wichtig festzuhalten. Wenn die Sorge nicht einem Geschlecht zugewiesen oder als spezifisch weibliche Verantwortung betrachtet wird, wenn sie nicht auf eine dyadische Beziehung reduziert wird, deren Vorbild die Mutter und das Kind sind, wenn sie, wie im Fall von Frédéric, relationaler Art ist, aber auch *institutioneller*, dann bin ich in der Lage, den Begriff zu verstehen und damit zu arbeiten.

Aber ich mache mir Sorgen in diesen vom Neoliberalismus regierten Zeiten, in denen die sozialen Errungenschaften, die sozialen Ressourcen, die soziale Sicherheit dezimiert und ausgelagert werden, die Renten gekürzt und verringert, die medizinische Versorgung an vielen Orten der Welt (einschließlich den USA) immer schwieriger zu gewährleisten und zu bezahlen ist, in denen es kein Recht auf ein Dach über dem Kopf gibt und Nahrungsmittel auf giftige Weise produziert und auf ungleiche Weise verteilt werden. Ja, in dieser Lage mache ich mir darüber Sorgen, dass wir teilweise dazu angehalten werden, moralische Haltungen von Philanthropie und *care* zu kultivieren, und das in einem christlichen Geist, der die verheerenden institutionellen Folgen des Neoliberalismus kompensieren soll. Vielmehr müssten öffentliche Dienstleistungen und Sozialleistungen als öffentliche Güter betrachtet werden, als Verpflichtungen, die die Regierungen achten und ehren müssen. Mich besorgt teilweise die Betonung eines gewissermaßen christlichen Werts, der dazu tendiert, ein äußerst traditionalistisches Verständnis der Familie und der Sorgeaufgaben zu verstärken, indem sie den Frauen zugeschrieben werden, um die wirtschaftlichen Verwüstungen und deren elendigen Trauerzug zu kompensieren. Selbstverständlich widersetze ich mich einem solchen Verständnis des Sorge-Begriffs. Ich glaube einfach nicht, dass er auf diese Weise verstanden und verwendet werden sollte. Ich denke, der Begriff der Sorge könnte sich dem Prinzip der Interdependenz annähern, das ich zu artikulieren versuche, und hier liegt in meinen Augen auch eine Möglichkeit, wie sich unsere Sichtweisen treffen können.

FW: Vielen Dank. Um zu versuchen, mich kurz zu halten, werde ich von *Psyche der Macht* ausgehen, einem äußerst wichtigen Buch von Judith Butler, und von seinem gewissermaßen umgekehrten, aber de facto zu dem der Sorge oder *care* komplementären Paradox. Im Werk von Judith finden wir den Gedanken, dass die Subjektivität, um zu entstehen oder hervorzutreten, von einer Macht abhängt, die „uns" gleichsam erschafft, uns aber auch zerstören kann. Für mich ist das der entscheidende Punkt, denn das bedeutet, unsere ursprüngliche Abhängigkeit von der Macht anzuerkennen. Aber genau das ist es doch, was Sorge und *care* bedeuten. *Care* bedeutet nicht unbedingt Wohlwollen, sondern verweist auch auf die ersten Beziehungen, die uns konstituieren, im guten aber (möglicherweise) auch im schlechten Sinne.

Im schlechten Sinne (und manchmal im besten) gerade aus dem Grund, dass die Sorgebeziehungen, von denen wir abhängen, polarisiert und ambivalent sind, auch sozial oder gesellschaftlich, eingelassen in politische Rahmenbedingungen, in denen wir die Polarität des Lebbaren und des Unlebbaren wiederfinden. In diesem Sinne ist Sorge für mich nicht immer wohlwollend! Sie wird durchzogen von der Gefahr der Gewalt (*violence*) oder eher dessen, was ich auf Französisch *violation* nenne. Und die philosophische Rezeption des Sorge- oder *Care*-Begriffs in Frankreich war natürlich ihrerseits kollektiv und polarisiert, ihre beiden Extreme waren wohl Levinas und die Beziehung zum Anderen einerseits und andererseits Foucault und die medizinische Macht. Zwischen den beiden bleibt der Denker der Polarität Canguilhem mit seinen Begriffspaaren des Normalen und des Pathologischen, der Sorge und der Macht. Und diese Polaritäten kreuzen die sozialen Beziehungen und Diskriminierungen: zum Beispiel, wenn man sagt, Sorge sei weiblich, Macht männlich, analog zur Polarität zwischen der Krankenschwester und dem Arzt. Dabei ist es doch so, dass alle Machtbeziehungen, seien sie sozial oder ethnizitär, sich im Innern der Sorge wiederfinden und von ihrem inneren Widerspruch geplagt werden. Daher können, und ich glaube in dieser Hinsicht nicht weit von Judiths Position entfernt zu sein, Sorge und Macht eine Antwort auf die Bedrohung der Zerstörung der Subjektivität darstellen, die sie beinhalten.

Das erlaubt es, etwas wiederaufzubauen, ohne Garantie für Resilienz, mit dem Risiko oder der Gefahr, dass Resilienz unmöglich ist, was ja gerade die bedrohliche Wirklichkeit des Unlebbaren ist, des unmöglichen erneuten Lebens, des Irreparablen. Aber wenn es die Sorge und die Wiedererlangung einer gewissen Macht in den vitalen Beziehungen nicht gäbe, ob man das nun Sorge, *care* oder ganz anders nennt, dann könnte man auch nicht auf Gerechtigkeit hoffen, auf einen Neuanfang mithilfe der Institutionen, auch nicht auf die Wirkung der Kritik, die bis in die Sorge hinein einen Widerstand darstellt. Denn selbst die intimste Sorge ist von der Möglichkeit und Gefahr des Missbrauchs, der *violation*, des Verstoßes oder der Verletzung durchzogen, bis in die Elternbeziehung hinein. Es gibt leider Verletzungen und Verstöße vonseiten von Vätern und Müttern.

In der Tat, manche Diktatoren inszenieren sich als „gemeine Eltern“ (Donald Trump hat das deutlich gesagt). Der schlechte Vater beansprucht für sich Autoritarismus und Gewalt, die Rabenmutter fasziniert uns in unserem Unbewussten, man sieht das in vielen Märchen, und das ist sicher kein Zufall. Ich bin daher wirklich weit davon entfernt, den Sorge-Begriff zu idealisieren. Ich denke im Gegenteil, dass man ihn auf kritische Weise verstehen muss, weshalb ich einen kritischen Vitalismus, aber auch einen kritischen Humanismus vertrete. Ambivalenz und Polarität sind überall, und daher ist auch die Kritik überall vonnöten. Überall ist Macht, aber sie ist polarisiert, nicht zuletzt bis in die humanitäre Arbeit hinein und bis in die Demokratie, die die geteilteste, gespaltenste und die am explizitesten kritische Regierungsform der Welt ist.

Wenn man die Praktiken der Sorge nicht kritisieren würde, hätten Sie recht und Ihre Kritik wäre gerechtfertigt. Aber wenn man sie kritisiert, dann stößt man auf das Lebenswichtige, das Vitale wie Medizin, Gerechtigkeit und sogar Liebe und Freundschaft.

JB: Inwieweit ist Ihre Auffassung der Sorge mit der psychologischen Analyse der Kindererziehung bei Winnicott verbunden?

FW: Sie ist es durch und durch! (*lacht*)

JB: D'accord. Das heißt die Sorge, die man für Kinder übernimmt, dient als Vorbild, um allgemeiner die sozialen und politischen Beziehungen zu denken?

FW: Ah! Ich bin natürlich stark von Winnicott geprägt, aber vom ganzen Winnicott, mit seinem Denken des Negativen, der Kultur, der Politik, der Demokratie. Er ist auch ein Denker der Jugend, der Revolte, der Gewalt, der Aggressivität. Man kann

Winnicott nicht auf die ursprüngliche Sorge und den Spiegel des mütterlichen Gesichts reduzieren. Man muss schon den ganzen Winnicott nehmen. Wenn Winnicott von Jugend und Aggressivität spricht und von der Art und Weise, wie allein die Demokratie ihnen einen Platz einräumt, dann weil er die ursprüngliche Funktion des Konflikts anerkennt. Er hat wie kein anderer die generationelle Revolte der 1960er Jahre zu denken vermocht. Man kann ihn nicht auf die ursprüngliche, erste Liebe reduzieren, er hatte Melanie Kleins Betrachtungen über Hass und Aggressivität gelesen. Er ist also nicht auf Winnie-the-Pooh zu reduzieren – ein Wortspiel, das im Übrigen von ihm selbst stammt, denn er hat den Begriff des Übergangsobjekts erfunden, des Kuscheltiers.

JB: Mein Problem mit Winnicott besteht darin, dass ihm zufolge die väterliche Sorge niemals beanspruchen kann, „so gut" zu sein wie die mütterliche Sorge. Und ich denke auch, dass es in seinem Werk unfundierte Annahmen über familiäre Strukturen, Abstammung, Adoption, Patchwork-Familien sowie eine gewissermaßen antiseptische Auffassung der frühkindlichen Entwicklung gibt. Was ist mit Kindern, die zahlreiche und vielfältige Eltern haben oder die verschiedene Etappen und mehrere Formen von Erziehung durchlaufen, die jeweils von verschiedenen Personen gewährleistet werden? Ich denke an ein schönes Buch, das auf Englisch den Titel *All Our Kin* trägt, das durch die Generationen hindurch die Verwandtschaftsstrukturen der Afroamerikaner nachzeichnet, die nur selten dyadisch sind. Oder denken wir an die heutigen Elternnetzwerke von Homosexuellen und Transpersonen, die wiederum ihre eigenen Formen von Intimität und Solidarität mit sich bringen. Wir sehen gut, dass die in Veränderung begriffenen Modelle von Elternschaft zu einer realen Diskrepanz mit den Analysen von Winnicotts Schülern führen. Übrigens sehen sich einige von ihnen gezwungen, ihre Position zu überdenken oder zu revidieren. Davon abgesehen sollten wir nicht vergessen, dass Winnicott dagegen war, Kinder in die Kita zu schicken, und dass er den vermeintlichen Sozialismus des Systems der Kindertagesstätten im Vereinigten Königreich kritisiert hat.

FW: Gewiss, darin liegt die Gefahr seines historisch situierten Denkens, aber es besteht auch die Gefahr, das Gegenteil zu behaupten – und wer hat das getan? Lacan, mit dem Namen und dem Gesetz des Vaters. Es stimmt, dass Liebe mitnichten ausschließlich in die Zuständigkeit der Mutter fällt. Winnicott kann uns zu diesem Trugschluss verleiten. Aber das Gesetz ist nicht väterlicher als die Liebe mütterlich. Jede Beziehung muss in ihrer kritischen Polarität verstanden werden, zwischen Liebe und Macht.

JB: Das sehe ich genauso. Aber genau wie Sie stelle ich mir die Frage: Warum macht man den psychologischen Kontext der Sorge um Kleinkinder zum Modell größerer Fragen der Sozialität, der Ökonomie und der Politik? Gewiss, der Säugling und dann das Kind werden geformt, gebildet – Sie erwähnten die lebenswichtigen Beziehungen, die zu dieser Bildung beitragen –, aber die Eltern, die an diesem Prozess teilhaben, sind nicht weniger sozial und politisch geformt, wie auch durch Sprache und Gesellschaft. Es gibt mehrere Weisen, die Formierung oder Bildung des Subjekts zu erzählen, und man kann sich die Frage stellen, ab welchem Moment man die Erzählung anfangen lassen sollte. Muss man mit der Geburt anfangen? Muss man weiter zurückgehen, zum Umfeld, das der Geburt vorausging, und zur Geschichte, deren Produkt sie ist? Zum Beispiel macht es offenbar einen Unterschied, ob man in einem Krankenhaus geboren wurde oder an einem anderen Ort, ob man aus einer Ehe zwischen zwei Personen hervorgeht oder aus einer Form der Elternschaft, die drei, vier, fünf Elternteile involviert. Ich möchte damit sagen, dass es verschiedene Weisen gibt, sich mit der Geschichte des Anfangs des Lebens eines Subjekts zu beschäftigen. Wer hat Sie sich vorgestellt, vor Ihrer Geburt? Und wer hatte Sie sich niemals vorgestellt?

FW: Wir dürfen uns in keinem Fall auf eine Mythologie der reinen Kindheit stützen, das ist vollkommen klar. Zwar wird „alles“ in der Kindheit entschieden, aber das heißt nicht, dass sie rein ist. Im Gegenteil bedeutet das, dass es in der Kindheit elterliche Liebe und ihre Polarität gibt und auch die soziale Struktur, in die die Mutter, der Vater, die Geschichte, die Umgebung, die Übertragung der Traumata und der ganze Rest eingelassen sind. Wir werden in vermintem Terrain geboren, auf kritischem Territorium. Und wenn Sie das „Lebensende“ nehmen oder auch Krankheit, so verhält es sich damit ganz genauso, wie auch im Falle der Geflüchteten … Ich idealisiere gewiss nicht die Verletzbarkeit, was nebenbei bemerkt ein Begriff ist, den ich etwas kritisch sehe. Aber von Anfang an und bis zum Schluss sind die Szenen der Verletzbarkeit im Leben kritische Szenen, die zugleich die Grenzen des Lebbaren aufzeigen. Das sind die kritischsten Momente, und von genau denen muss man ausgehen.

JB: Das ist vollkommen richtig. Vielen Dank.

Zur Verortung der Diskussion
Laure Barillas und Arto Charpentier

Welche Ressourcen kann eine kritische Philosophie des Sozialen und des Politischen heute in einer Philosophie des Lebens finden? Diese Frage steht im Hintergrund des Austauschs zwischen Judith Butler und Frédéric Worms, der im April 2018 an der École normale supérieure in Paris stattfand.[1] Die hier veröffentlichte Diskussion, deren Ausgangspunkt ein gemeinsames Thema bildet – das Lebbare und das Unlebbare –, veranschaulicht beispielhaft die spiegelbildliche Entwicklung, die ihre jeweiligen Werke charakterisiert: Ausgehend von einer philosophischen Reflexion über das Lebendige (*le vivant*), die durch seine Lektüre von Bergson und Canguilhem geprägt ist, entwickelt Frédéric Worms die Grundzüge eines „kritischen Vitalismus“[2], der in der Sorge(arbeit) oder Fürsorge das Leitmotiv eines politischen und sogar kosmopolitischen Denkens erblickt. Judith Butler wiederum entwirft ausgehend von Hegel und Foucault eine Kritik der sozialen und politischen Normen und ihrer Unterwerfungseffekte[3], welche sie in ihren Analysen der Prekarität des menschlichen Lebens weiterentwickelt und die heute in das mündet, was sie eine soziale Ontologie des lebendigen Körpers[4] nennt. Es ist dieser Chiasmus – vom Lebendigen zum Sozialen, was Worms anbelangt, vom Sozialen zum Vitalen im Fall von Butler –, den wir untersuchen wollten, denn er verweist auf ein beiden Autor*innen gemeinsames Problem: das Leben und die Macht.

Ihr Dialog über das Unlebbare unterstreicht dies sehr gut: Bei beiden ist der Drang zur sozialen und politischen Kritik in den Körpern und deren unmittelbaren Bedürfnissen verankert. Wenn sie nun in ihren jüngsten Veröffentlichungen[5] von einer existenziellen Konzeption des Lebens abrücken, dann aus dem Grund, dass „Existenz" eine distanziertere und weniger nachdrückliche Bezugnahme auf den Körper impliziert als „das Leben" oder „das Lebendige". Die politische Reflexion ist bei beiden also mit einem Denken des Lebens verknüpft. Wenngleich sie nicht so weit gehen, wie Simone Weil eine Liste der Grundbedürfnisse des Körpers und der Seele aufzustellen, so formulieren sie dennoch ein normatives Ideal, an dem sich die Politik orientieren kann: den Anspruch, für jeden und jede die Bedingungen für ein lebbares Leben zu gewährleisten – ohne im Voraus vorzuschreiben, wie dieses Leben aussehen soll.

Sofern sie jedoch die Unterscheidung zwischen dem Lebbaren und dem Unlebbaren zur normativen Triebfeder ihrer sozialen und politischen Kritik machen, sehen sie sich zwangsläufig mit einer Reihe von Fragen konfrontiert: Wie lässt sich zwischen lebbar und unlebbar unterscheiden? Nach welchen Kriterien kann man diese Unterscheidung treffen? Und wie kann man die Entscheidung für bestimmte Kriterien begründen? Darin liegt eine entscheidende Herausforderung für eine solche philosophische Haltung: Denn sobald sie sich in ihrer sozialkritischen und politischen Geste auf die Trennung zwischen dem Lebbaren und dem Unlebbaren stützen, können sie nicht umhin zu explizieren, auf welcher Grundlage sie diese Unterscheidung treffen.

Wir möchten daher versuchen, diesen Dialog in der Entwicklung dieser beiden Denkbewegungen zu situieren, indem wir der Frage nachgehen, was einerseits in ihrer jeweiligen Philosophie des Sozialen und Politischen den Anlass bietet, sich vitalen, das heißt lebenswichtigen Fragen zuzuwenden, und auf welche Weise andererseits eine Reflexion über das menschliche Leben ihrer politischen Sozialphilosophie eine neue Form der Orientierung liefert.

Vom Vitalen zum Sozialen. Der kritische Vitalismus von Frédéric Worms zwischen Polarität und Sorge

Worin besteht Frédéric Worms' „kritischer Vitalismus", und welchen Nutzen hat er für eine *kritische* politische Sozialphilosophie?

Ihre theoretischen Ressourcen zum Verständnis der Beziehungen menschlicher Lebewesen bezieht Worms' Philosophie nicht nur aus dem Vitalismus Bergsons und Canguilhems, sondern auch aus der Psychoanalyse Freuds und Winnicotts sowie den *Ethics of Care*.

Sein zentrales Anliegen besteht darin, den lebenswichtigen Sinn der moralischen und politischen Beziehungen zwischen den Menschen zu verstehen. Seine Methode ist eine Form der Kritik, der er drei verschiedene Aspekte zuweist[6]: Er versteht sie erstens als *Verweigerung*, da er, in Anknüpfung an Bichat, das Leben als etwas definiert, was sich dem Tod widersetzt; zweitens als *unterscheidend*, da man das Leben nur durch die Unterschiede zwischen den Lebenden erkennen kann; und drittens als *Reflexivität*, da er nach einem ethischen und politischen Kriterium sucht, um das Lebenswichtige, das Vitale als solches zu denken.

Im Zentrum des kritischen Vitalismus stehen zwei zentrale Begriffe: *Polarität* und *Sorge*. Ebenso wie die Kritik verweist die Polarität unmittelbar auf das Werk Canguilhems. In *Das Normale und das Pathologische* definiert Canguilhem das Leben als *kritische* Aktivität, insofern es eine immanente Setzung von Werten ist.[7] Für Canguilhem ist der lebendige Organismus ein durch und durch normatives Wesen: Durch seine Bewegung selbst schafft er eine Polarität zwischen jenen Bedingungen, die die Fortsetzung seines Lebens begünstigen und einen positiven vitalen Wert erhalten, und jenen Bedingungen, die seiner Aktivität entgegenstehen und einen negativen Wert erhalten. Nach Canguilhem liegt darin eine dem Lebendigen immanente Normativität. Mit seinem „kritischen Vitalismus" tritt Worms also Canguilhems Erbe an und entwickelt es weiter, indem er behauptet, dass es genau diese vitale Normativität ist, an der sich die philosophische Reflexion ausrichten muss – und zwar gerade auch dann, wenn sie sich mit sozialen und politischen Fragen auseinandersetzt.

Der kritische Vitalismus begreift das Leben also als polarisiertes Phänomen, das von einer Reihe von Spannungen durchzogen ist und sich nicht auf eine Substanz oder ein einziges Prinzip, einen einzigen Grund reduzieren lässt. Das *Vitale* verweist bei Worms weniger auf den Bergson'schen *élan vital* als auf ein vitales oder lebenswichtiges Minimum: die soziale und politische Garantie der lebensnotwendigen Mindestanforderungen, die das Leben lebbar machen. Worms formuliert und verknüpft drei grundsätzliche Polaritäten, auf die sich die kritische Tätigkeit stützt: die Polarität zwischen Leben und Tod, zwischen Bindung und Verletzung (*violation*) sowie zwischen Sorge und Macht. Diese Polaritäten sind keine „äußeren Polaritäten zwischen dem Leben *und etwas anderem*, sondern innere und sogar für das Leben *als solches* konstitutive Polaritäten“[8]: Tatsächlich gibt es kein Lebewesen, das nicht sterblich ist, keine Beziehungen der Bindung, die frei vom Risiko der Gewalt und der Verletzung sind, und keine Praktiken der Pflege, der Sorge oder Fürsorge, die nicht von Machtfragen durchzogen sind. Weshalb der kritische Vitalist sich zwar ganz im Geiste der vitalen Normativität entschieden auf die Seite des Lebens, der Bindung und der Sorge stellt, dabei aber dennoch anerkennt, dass diese von konstitutiven und unüberwindbaren Spannungen geprägt sind. Es ist diese grundsätzliche, jedem lebendigen Phänomen eigene Ambivalenz, an die die Begriffe der Polarität und der Kritik erinnern und auf die die Sorge eine Antwort darstellen soll.

Der kritische Vitalismus bedient sich des Konzepts der Sorge, um die sozialen Beziehungen der lebendigen Wesen zu verstehen. Die Sorge beschränkt sich weder auf die *Ethik der Sorge* noch auf die von Donald Winnicott entwickelte Theorie des *holding* (des Haltens und Stützens). Theorien der Sorge, insbesondere die von Carol Gilligan formulierte, erinnern daran, dass die Sorge um den anderen und die Bereitschaft, ihm oder ihr Unterstützung zu gewähren, keineswegs als peripheres Element einer Theorie der Gerechtigkeit betrachtet werden dürfe, sondern vielmehr in deren Mittepunkt stehen müsse. Winnicott fordert uns seinerseits dazu auf, alle Aspekte der Sorge – einschließlich ihrer psychischen und politischen Dimension – zu berücksichtigen, die die Emergenz des Subjekts durch Akte des „Tragens“, „Haltens“, „Stützens“ oder „In-die-Welt-Einführens“[9] ermöglichen.

Die Canguilhem'sche Polarität zwischen dem Vitalen und dem Sterblichen wird durch die Polarität zwischen Schöpfung beziehungsweise Kreation und Zerstörung ergänzt, die an Winnicott angelehnt ist. Der kritische Zug von Worms' Vitalismus erlaubt es ihm, Beziehungen als etwas zu betrachten, das zerstört oder beherrscht, und gleichzeitig als etwas, das unterstützt und erschafft. Worms definiert Sorge als eine „subjektive und sogar die Subjektivität erschaffende Beziehung zwischen den Menschen (ohne die wir keine Individuen wären), eine moralische, aber auch eine soziale und folglich bereits politische Beziehung, ein Weltverhältnis, ja eine Sorge um die Welt, die ebenso natürlich wie kulturell, ebenso ökologisch wie politisch ist.“[10] Er entwickelt damit ein soziales und politisches Denken der Sorge, das den Rahmen der Medizin oder der Eltern-Kind-Beziehung stets überschreitet und so den Weg bahnt für eine allgemeinere ethische und politische Reflexion über Gerechtigkeit. Denn wenngleich Sorge zunächst einmal Hilfe und

Unterstützung bedeutet, so ist sie auch eine Arbeit, die anerkannt werden muss, und eine Form von Macht, die kritisiert werden muss.

Auf diese Weise wird ersichtlich, dass der Entzug oder die Abwesenheit von Sorge in all ihren Dimensionen (Unterstützung, Arbeit, Solidarität, Fürsorge) das Leben unlebbar macht. Die Möglichkeit der Sorge, insofern sie auch politische und soziale Institutionen impliziert, die sie aufrechterhalten und ihre Grundlage bilden, stellt folglich das erste Kriterium der Lebbarkeit einer Existenz dar. Ein Leben, um das sich niemand sorgt, verweist also zugleich auf einen Körper, dessen Überleben gefährdet ist, auf eine beschädigte Subjektivität, auf untergrabene Gerechtigkeitsprinzipien und auf eine Beeinträchtigung der Sorge um die Welt. Worms beschreibt die tiefgreifende Solidaritätsbeziehung, welche die Sorge mit der Politik verbindet, als eine „Sorge um die Sorge, Unterstützung der Unterstützung, Anerkennung der Anerkennungsbeziehungen, Macht über die Machtbeziehungen."[11] An dieser Stelle lässt sich also die Verbindung verstehen, die er zwischen Sorge und Demokratie herstellt: Die Sorge wird bei ihm auf den Schutz der demokratischen Prinzipien ausgeweitet und gewinnt in der gegenwartsbezogenen Sorge um die Gerechtigkeit und um die Welt sogar eine ökologische und kosmopolitische Bedeutung.

Gefährdete Leben und Sozialkritik bei Judith Butler. Vom Sozialen zum Vitalen und zurück

Fragen nach dem Lebendigen, dem Leben oder der Lebbarkeit des Lebens begegnet Butler in ihrer Arbeit auf einem anderen Wege: in ihrem politischen Nachdenken darüber, was Macht und Normen den lebenden Körpern antun.

Seit ihren ersten Arbeiten über Geschlecht und *Gender* war Butler darum bemüht herauszuarbeiten, auf welche Weise bestimmte soziale Normen, indem sie einzelne Individuen und ganze Gruppen von der Möglichkeit sozialer Anerkennung ausschließen, diesen im selben Zug die für eine lebbare Existenz notwendige Unterstützung entziehen. Butler zufolge werden diejenigen, die von und aus den herrschenden sozialen Normen ausgeschlossen sind, nicht nur symbolisch oder moralisch disqualifiziert, sie erleiden auch verschiedenste Arten von Diskriminierung, die sie in besonderer Weise Formen sozialer und ökonomischer Unsicherheit, wenn nicht gar Beleidigungen, Verletzungen oder Gewalt aussetzen.

Bereits in ihren ersten Arbeiten über die soziale Regulierung von Geschlecht klingt zwischen den Zeilen immer wieder eine Reflexion über die Prekarität und das Gefährdet-Sein des Lebens an, die sie in der Folge weiterentwickelt und vertieft hat.[12] Butler ist darum bemüht, mithilfe des Begriffs der Prekarität zu beschreiben, wie bestimmte

Teile der Bevölkerung aktiv unterstützt, verteidigt und beschützt werden, während andere auf sich gestellt sind, im Stich gelassen oder sogar mutwillig der Gefahr von Leid, Krankheit, Gewalt und Tod ausgesetzt werden. Diese Gefahren stellen keine schicksalhaften Notwendigkeiten dar, sie sind keine natürliche Fatalität; sie sind vielmehr das Ergebnis von sozialen und politischen Dynamiken, die davon zeugen, wie verschiedenen Menschenleben innerhalb der Gesellschaft auf differenzielle Weise ein Wert zugewiesen wird. Wenngleich alle Existenzen potenziell prekär und gefährdet sind, sind sie es doch auf unterschiedliche Weise, sodass man die Reflexion über Prekarität und Verletzbarkeit – welche eine geteilte existenzielle Conditio darstellen – niemals von den sozialen und politische Logiken trennen kann, die bestimme Bevölkerungsgruppen *verletzbar machen*, sie aktiv *gefährden* und *prekarisieren*, indem sie ihre Lebenserwartung[13] aufs Spiel setzen.

Im Gegensatz zu jenen, die alles, was mit dem lebendigen Körper sowie mit den Bedingungen für seine Bewahrung zusammenhängt, prinzipiell aus der Sphäre der Öffentlichkeit ausschließen wollen (um es in den vermeintlich apolitischen Bereich des Privaten zu verbannen), argumentiert Butler dafür, „körperliche Abhängigkeit und Bedürftigkeit, Hunger und Schutzbedürftigkeit, die Anfälligkeit für Verletzung und Zerstörung, Formen des sozialen Vertrauens, die uns leben und gedeihen lassen, sowie die mit unserem schieren Fortbestand verknüpften Leidenschaften als eindeutig politische Angelegenheiten zu begreifen."[14]

Ihrer Meinung nach ist es das, was die jüngsten Protestbewegungen gegen Prekarität deutlich gemacht haben, die sie in *Anmerkungen zu einer performativen Theorie der Versammlung* analysiert. Occupy Wall Street, Black Lives Matter oder die zahlreichen sozialen Bewegungen gegen vergeschlechtlichte Formen von Gewalt unterscheiden sich natürlich in ihren Zielen und Modalitäten. Aber sie haben gemeinsam, dass sie ihre Forderungen „im Namen des lebendigen Körpers [artikulieren], eines Körpers, der das Recht hat zu leben, fortzubestehen, ja, zu gedeihen."[15] Damit stellen sie die Frage nach dem „lebbaren Leben" ins Zentrum der Politik.[16]

Butler zufolge kann Politik also nicht *nicht* mit vitalen Fragen in Berührung kommen. Gleichzeitig befragt Butler seit *Gefährdetes Leben* die kritischen Möglichkeiten einer Reflexion über unsere Conditio als lebendige Wesen. In *Raster des Krieges. Warum wir nicht jedes Leid beklagen* entwickelt sie eine soziale Ontologie des Körpers, in der Absicht, die relationalen Beziehungen unserer verkörperten Existenz zu beschreiben. Für Butler ist ein menschliches Lebewesen (und vielleicht ein Lebewesen im Allgemeinen) stets *ek-statisch* in dem Sinne, dass es notwendigerweise „außerhalb" oder „jenseits" seiner selbst ist: Es kann nicht überleben oder gedeihen, ohne von einer Reihe heterogener Beziehungen gestützt zu werden, die die Bedingungen für sein Fortbestehen und seine Aktivität bilden. Von *sozialer* Ontologie zu sprechen ermöglicht es Butler, den lebendigen Körper auf seine materiellen, infrastrukturellen, intersubjektiven und allgemein seine sozialen und ökologischen Bedingungen zurück zu beziehen, ohne die ein Körper nicht hoffen kann, zu überleben und sich zu entfalten.

Auf diese Weise wird ein Denken des Lebendigen zur Grundlage für ihre politische Sozialkritik. In *Die Macht der Gewaltlosigkeit* bestimmt Butler Verletzbarkeit und Interdependenz als unhintergehbare Merkmale der lebendigen Wesen, die wir sind, und versucht, die ethischen und politischen Verpflichtungen zu beleuchten, die daraus erwachsen. Darin liegt letztlich der kritische Anspruch, der Butler zufolge unser politisches Handeln leiten muss:

> Vielleicht am dringlichsten ist es jedoch, noch einmal über das „Recht auf Leben" dort nachzudenken, wo kein letzter Schutz vor Vernichtung besteht und wo wir durch soziale Bande gehalten sind, die Bedingungen für lebbares Leben auf egalitärer Basis zu sichern. Dies impliziert auch die Pflicht zur Bereitstellung von Basisförderungen zur egalitären Minderung von Gefährdungslagen: Nahrung, Unterkunft, Arbeit, medizinische Versorgung, Ausbildung und Bildung, Bewegungsfreiheit und Meinungsfreiheit, Schutz vor Unterdrückung und Schutz der körperlichen Unversehrtheit.[17]

Ihren entgegengesetzten Ausgangspunkten zum Trotz finden Worms und Butler heute insofern zusammen, als sie ihr soziales und politisches Denken auf eine Sozialphilosophie des Lebens stützen (*sozial* in dem Sinne, dass diese Philosophie das Lebendige niemals aus den historisch situierten relationalen Konfigurationen und institutionellen Gefügen herauslöst, die die Bedingung für sein Fortbestehen und seine Aktivität darstellen). Beide kommen sie zu dem Schluss, dass „die Interdependenz, welche die einen und die anderen verbindet", eine „öffentliche Organisation aller"[18] erfordert, das heißt ein Ensemble von Institutionen und sozialen, ökonomischen und politischen Bedingungen, die für alle die Bedingungen eines lebbaren Lebens sicherstellen; und beide sind sie der Auffassung, dass dieser Anspruch das ist, was Demokratie ausmacht, und zwar nicht nur als politische Ordnung oder Staatsform, sondern allgemeiner als Lebensform.

In *Anmerkungen zu einer performativen Theorie der Versammlung* macht Butler deutlich, dass es keine wirkliche Demokratie geben kann, wenn die Bedingungen einer radikalen Gleichheit zwischen den Menschenleben nicht gegeben sind, und dass im Gegenteil die erste Pflicht einer demokratischen Regierung gerade darin besteht, die für diese Gleichheit notwendigen Bedingungen herzustellen und zu stärken.

Worms spricht seinerseits von einer „vitalen Demokratie“. Er ist der Ansicht, dass es „mit der Demokratie ist wie mit dem Leben“[19]: Sie ist nicht nur eine politische Regierungsform, sie ist vor allem auch ein moralisches und soziales Bestreben, das alle menschlichen Beziehungen durchziehen muss. Die Demokratie ist vital, insofern die Sorge sie erforderlich macht; durch die Sorge wird „nicht nur eine einzelne Person gestützt, sondern die Welt, nicht nur die einen, sondern jeder, eine jede, das heißt alle.“[20] Ähnlich wie die Sorge bildet die Demokratie den einzigen politischen Rahmen, der dem Subjekt die Möglichkeit garantiert, es selbst zu sein, der die relationale Dimension seiner Existenz stützt und es vor Verletzungen aller Art schützt. Mit anderen Worten: Die Gemeinsamkeit zwischen Sorge und Demokratie besteht in ihrem doppelten Anspruch auf Gleichheit und Gerechtigkeit.

Die Demokratie ist daher die Staats- oder Regierungsform, in der alle Leben dieselbe Würde und dieselbe Unterstützung erhalten, um fortbestehen und gedeihen zu können. Allerdings betont Worms, dass auf dieselbe Weise, wie Sorge in schlechte Behandlung oder gar Misshandlung umschlagen kann, die Demokratie manche Leben auch unlebbar machen kann. Er nennt dies die „chronischen Leiden der Demokratie“, wie Zynismus, Rassismus oder Ultraliberalismus, die gewissen Leben die notwendigen Bedingungen entziehen, um sich ihre Existenz zu eigen zu machen.[21] Eine der Demokratie inhärente Polarität liegt also in der ständigen Gefahr der Regression und der Verletzung, gegen die es also unaufhörlich zu kämpfen gilt.

Auf der Grundlage seines kritischen Vitalismus schlägt Worms letztlich vor, die klassischen Werte der Demokratie einer erneuten Betrachtung zu unterziehen: Die *Brüderlichkeit* (verstanden als Anerkennung der vitalen Interdependenz, die uns *verpflichtet* oder *bindet*) muss zu einem kämpferischen Engagement für die *Gleichheit* zwischen den Leben führen, die wiederum keinen anderen Zweck verfolgt, als die *Freiheit* (oder Autonomie) eines jeden Einzelnen zu gewährleisten.[22]

Butler teilt diesen Freiheitsanspruch als Bedingung eines lebbaren Lebens. Für sie erfordert die Demokratie als geteilte Lebensform eine politische Anstrengung, damit für alle die Bedingungen eines lebbaren Lebens sichergestellt werden, ohne im Voraus vor- und festzuschreiben, wie dieses Leben aussehen soll. Aus diesem Grund zieht sie das Wort Bewahren dem Wort Erhalt vor:

> [Das] schützende Bewahren [ist] nicht bloßer Erhalt, auch wenn der Erhalt hier Voraussetzung ist. Ein Leben erhalten heißt, ein Leben zu sichern, das schon existiert; es bewahren heißt, die Bedingungen für seine Entwicklung, seinen Vollzug, seine Zukunft sicherzustellen, ohne dass der konkrete Lebensinhalt dabei vorgeschrieben oder vorhergesagt werden kann, und so, dass es potenziell selbstbestimmt sein kann.[23]

Das Streben nach Demokratie umfasst somit auch die Bemühung, für jedes Lebewesen die tatsächliche Möglichkeit sicherzustellen, für sich selbst und ohne illegitime Einmischung über die konkreten Modalitäten seiner eigenen Existenz und Entfaltung zu entscheiden. Was dabei für Butler auf dem Spiel steht, ist die Definition des Lebendigen: Ohne diese Möglichkeit der Erfindung und des Schaffens und des Experiments, schreibt sie, „existiert ein Leben einfach nur, aber es *lebt* nicht."[24]

*

Judith Butler und Frédéric Worms verbinden ihr sozialphilosophisches und politisches Denken mit der Frage, welchen Anspruch das Lebendige in seinem Gefährdet-Sein, seiner Prekarität und seiner Fragilität an uns stellt. Beide kommen sie zu dem Schluss, dass die Anerkennung der konstitutiven Relationalität und Interdependenz der Menschenleben zur Formulierung eines radikalen Gleichheitsanspruchs zwischen den menschlichen Lebewesen führen muss, der in der demokratischen Bemühung zum Ausdruck kommt, für alle und jede*n die Bedingungen eines lebbaren Lebens zu gewährleisten, ohne über die konkrete Form dieses Lebens bestimmen zu wollen.

Indem sie das genuin *lebbare* Leben zum normativen Horizont ihrer praktischen Philosophie erheben, deuten Butler und Worms so in Richtung einer Politisierung der Verletzbarkeit, die auf die kritischen Bedingungen einer erweiterten Solidarität zwischen den Lebewesen abzielt, in einer für alle gleich lebbaren Welt. In ihrer Dringlichkeit und Schwierigkeit präsentiert sich diese demokratische Praxis als Aufgabe für all „jene Lebewesen, deren offenes und zerbrechliches Leben sich der Politik annähert, aber deren zerbrechliche und offene Politik sich am Leben ausrichtet.“[25]

Anmerkungen

Einleitung

1 Judith BUTLER, *Die Macht der Gewaltlosigkeit. Über das Ethische im Politischen*, übers. von Reiner ANSÉN, Berlin 2020, 238.
2 Frédéric WORMS, *Pour un humanisme vital. Lettres sur la vie, la mort et le moment présent*, Paris 2019, Brief 43, 271.
3 Dieser Dialog fand an der ENS – PSL im Rahmen des Programms des Centre international d'étude de la philosophie française contemporaine (CIEPFC) statt, einem Teil der Forschungsgruppe USF 3608 La République des savoirs.
4 Diese öffentliche Diskussion ist auf der Seite „Savoirs ENS" unter dem Titel „Penser avec Judith Butler" verfügbar.
5 Diese Veranstaltung mit dem Titel „Living Today: The Need for a Critical Vitalism" wurde vom *Program in Critical Theory* an der UC Berkeley organisiert.
6 Wir möchten insbesondere Claire Marin sehr herzlich danken, deren freundliche Unterstützung das Erscheinen dieses Buches erst möglich werden ließ.

1 Diesem Austausch ging ein Radiogespräch voraus, das am selben Tag für die Sendung „Matière à penser" aufgezeichnet und am 14. Mai 2018 auf France Culture ausgestrahlt wurde.

2 Vgl. Frédéric WORMS „Qu'est-ce qui est vital", in: *Bulletin de la Société Française de Philosophie*, 2007; und „Pour un vitalisme critique", in: *Esprit*, Januar, 1, 2015, 15–29.

3 Siehe insbesondere Judith BUTLER, *Das Unbehagen der Geschlechter*, Frankfurt 1991; und *Die Macht der Geschlechternormen und die Grenzen des Menschlichen*, Frankfurt 2011.

4 Siehe insbesondere Judith BUTLER, *Raster des Krieges. Warum wir nicht jedes Leid beklagen*, Frankfurt 2010, und *Anmerkungen zu einer performativen Theorie der Versammlung*, Berlin 2018. Die jüngste Darstellung ihrer sozialen Ontologie des Lebendigen findet sich im Postskriptum ihres zuletzt erschienenen Buches *Die Macht der Gewaltlosigkeit. Über das Ethische im Politischen*, Berlin 2020.

5 Sowohl in Judith BUTLER, *Anmerkungen zu einer performativen Theorie der Versammlung* und in *Die Macht der Gewaltlosigkeit* als auch in Frédéric WORMS, *Les maladies chroniques de la démocratie*, Paris 2017, und *Pour un humanisme vital*, Paris 2019.

6 Vgl. Frédéric WORMS, *Pour un humanisme vital*, insbesondere das Kapitel „Une philosophie (le vitalisme critique)", 29.

7 Georges CANGUILHEM, *Das Normale und das Pathologische*, Berlin 2017.

8 Frédéric WORMS, „La vie dans la philosophie du xxe siècle en France", in: *Philosophie*, 109, 2, 2011, 74–91.

9 Vgl. Frédéric WORMS, „À quel soin se confier?", in: Claire MARIN (Hg.), *À quel soin se fier? Conversations avec Winnicott*, Paris 2015, 37–48.

10 Frédéric WORMS, *Soin et politique*, Paris 2012, 5.

11 Ebenda, 43.

12 Vgl. Judith BUTLER, *Gefährdetes Leben. Politische Essays*, Frankfurt 2005; und *Raster des Krieges. Warum wir nicht jedes Leid beklagen*, Frankfurt 2010.

13 Der Begriff Lebenserwartung sollte an dieser Stelle nicht nur in seiner üblichen demographischen Bedeutung verstanden werden, nämlich im Sinne der durchschnittlichen Lebensdauer, sondern auch in seiner psychologischen und existenziellen Dimension. Die Lebenserwartung verweist dann auf die Fähigkeit eines Lebewesens, sich vertrauensvoll und projektiv in eine Zukunft zu versetzen, das heißt auch auf das, was Butler ein „individuelle[s] Lebensgefühl" nennt, was wiederum damit zusammenhängt, „wie und mit welchem Maß an Leiden, Lebbarkeit oder Hoffnung das Leben ertragen wird" (Judith BUTLER, *Anmerkungen zu einer performativen Theorie der Versammlung*, 25). Vgl. für eine ähnliche Analyse der Tatsache, dass die Lebenserwartung den ungleichen sozialen Wert widerspiegelt, der den Menschenleben zugeschrieben wird, Didier FASSIN, *La Vie. Mode d'emploi critique*, Paris 2018.

14 Judith BUTLER, *Anmerkungen zu einer performativen Theorie der Versammlung*, 117.

15 Ebenda, 22.

16 Ebenda, 25.

17 Judith BUTLER, *Raster des Krieges*, 28.

18 Frédéric WORMS, *Soin et politique*, 16.

19 Frédéric WORMS, *Les maladies chroniques de la démocratie*, Einleitung.

20 Frédéric WORMS, *Revivre*, Paris 2012, 309.

21 Frédéric WORMS, *Les maladies chroniques de la démocratie.*

22 Zu dieser Neuinterpretation der Triade Freiheit, Gleichheit, Brüderlichkeit vor dem Hintergrund des kritischen Vitalismus, vgl. Frédéric WORMS, *Soin et politique*, 35–36.

23 Judith BUTLER, *Die Macht der Gewaltlosigkeit*, 121. Zur Verknüpfung einer Kritik der hegemonialen Geschlechternormen und ihrer Normalisierungseffekte mit der Verteidigung starker normativer Positionen, insbesondere mit Blick auf das Recht auf Selbstbestimmung (als Bedingung eines lebbaren Lebens), vgl. das erste Kapitel von *Anmerkungen zu einer performativen Theorie der Versammlung*.

24 Ebenda, 129 (Übersetzung modifiziert, *A. d. Ü.*).

25 Frédéric WORMS, *Soin et politique*, 44.

Die Autorinnen und Autoren

Judith Butler ist Maxine-Elliot-Professor für Komparatistik, Gender Studies und kritische Theorie an der University of California, Berkeley. Sie unterrichtet außerdem an der European Graduate School in Saas-Fee, wo sie den Hannah-Arendt-Lehrstuhl innehat.

Frédéric Worms ist Professor für zeitgenössische Philosophie und Direktor der École normale supérieure in Paris. Er arbeitet am Centre international d'étude de la philosophie française contemporaine (CIEPFC) und Mitglied des Comité consultatif national d'éthique.

Arto Charpentier hat die Agrégation absolviert und promoviert im Fach Philosophie an der École normale supérieure in Paris. Er beschäftigt sich mit dem kritischen Gebrauch des Naturalismus in der zeitgenössischen Sozialphilosophie. Nach einem einjährigen Aufenthalt in Berkeley unterrichtet er heute an der Universität Paris-Nanterre.

Laure Barillas hat die Agrégation absolviert und promoviert im Fach Philosophie. Sie ist Spezialistin für das Werk Vladimir Jankélévitchs und forscht zu den zeitgenössischen Implikationen ethischer und politischer Probleme, insbesondere zu Sorge und Feminismus. Sie unterrichtet an der Universität Straßburg.